サギ師が使う
人の心を操る「ものの言い方」

多田文明

イースト新書Q
Q033

はじめに　「その一言」が、あなたの人生を左右する

これまで私はさまざまに弁を弄して騙《だま》そうとする人たちの現場に潜入してきた。数多くの場所に行ってみてわかったのは、勧誘者にもトークスキルが高い人もいれば、低い人もいるという現実だ。スキルが高い勧誘者の文言に出くわしたときは正直、返答に困り、うならされたこともある。一方でスキルが低い勧誘者の〝ものの言い方〟を聞きながら、「この話し方はダメ（NG）だな」「こう話せばいい（OK）のに」と思うことがしばしばある。どちらかといえば、潜入経験が増えれば増えるほど後者のほうが多くなっていったように思う。

スキルがある勧誘者は実績を出すにしたがい、しだいに教育や指示を行う上の立場になり、新たな騙す側の人間を育成するようになる。ひとりがひとりを騙すより巧みな〝ものの言い方〟のスキルを共有して多くの人を騙すほうが、よりたくさんのお金を集められるからにほかならない。こうして騙すための〝ものの言い方〟の継承が騙す連中のあいだでなされるわけだ。潜入数が多くなるほど場数を踏んでいない勧誘者に出会う確率が高まっ

た理由もこういったところにあるのだろう。

しかし、こういったスキルが低い勧誘者の文言は、私たちにとって勉強になる格好の材料を与えてくれる。彼らは私たちの生活やビジネスの場で陥りがちな、失敗する〝ものの言い方〟（NGワード）をしているからだ。それをどう改善するかによって、私たちに有益な〝ものの言い方〟（OKワード）を教えてくれる。

たとえば、サギ師や悪徳業者は自分たちの勧誘のうさん臭さを消すためだろう、「私たちはボランティア活動をして社会貢献しています」とか、「うちはすばらしいサークルで、多くの人に高い評価をいただいてます」と言ってくる。いい印象を与えようと必死になってアピールしてくる。きわめつきは「入会したら、絶対に後悔させません」などと言ってくる。一見、とてもいい〝ものの言い方〟に見える。しかし、好印象を持たせすぎる話し方はNGワードなのだ。最初に好印象を持たせすぎると、あとから悪い印象が目立ってしまい、入会者は強いマイナスイメージを持つことになる。

これは私たちの日ごろの人間関係や交渉ごとにも言えることだ。多くの人は最初に相手に好印象を持ってもらおうとする〝ものの言い方〟をしてしまいがちだが、はじめからあまりにいい印象を与えてしまうと、その後の評価は下がるばかりとなる。ゆえに「私たちのサークルはまだまだ発展途上です。入会後にも何か困りごとがあれば、相談して、いい場所にしていきましょう。一緒にやっていきませんか?」といった、ほどほどの印象を与えるかたちの〝ものの言い方〟が大事になる。

また、サギ師や悪徳業者は契約させようと必死になって、**「どうして契約しないんですか!　理由を話してください!」** NGワード と強い口調で言ってくる。しかし、これでは相手の心は離れるばかりだ。会社でいえば上司が部下に「なぜ、仕事を失敗したんだ!　その理由を言ってみろ!」と頭ごなしに怒鳴るのと同じだ。これでは相手は萎縮して満足のいく答えは出てこないだろう。それより、**「成功できなかった原因は、どこかにあるはずだ。それを一緒に考えてみようか」** OKワード と言うほうがいい。上から目線ではなく、同じ目線に下りたかたちの〝ものの言い方〟にすれば、相手の本音を引き出せる。

本書ではサギ師や悪徳業者の失敗した〝ものの言い方〟や、巧妙な騙しの〝ものの言い方〟を集めて、それを日ごろの生活で使える〝ものの言い方〟に援用できるように努めてみた。ぜひ、これを参考にして、これからの人間関係やビジネスの場に生かしていただけたら幸いである。

多田《ただ》文明《ふみあき》

サギ師が使う 人の心を操る「ものの言い方」● 目次

第2章 「思わずOKしてしまう」ものの言い方

第3章 「相手の意表を突く」ものの言い方

第4章 「都合のいい答えを引き出す」ものの言い方

第5章 「さりげなく優位に立つ」ものの言い方

第6章 「相手ペースに乗らない」ものの言い方

第1章

「OKへの流れをつくる」ものの言い方

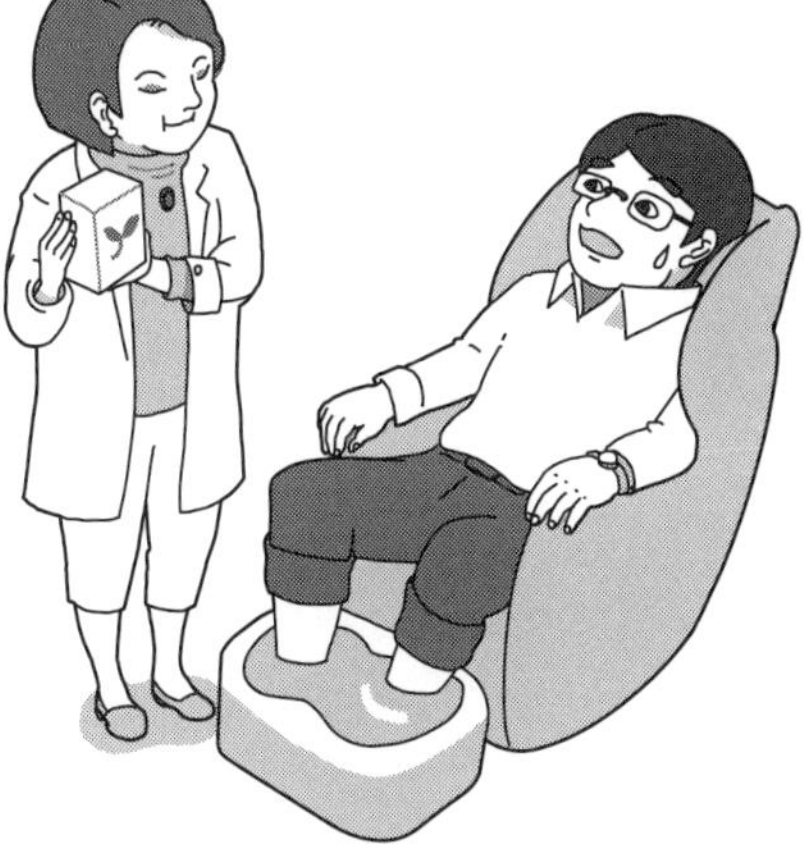

1　はじめから遠回りしすぎる説明はしなくていい

「ダイビングに関心はありませんか？」と街頭で声をかけられて、説明を受けるためにお店についていったことがある。

勧誘男性は最初にダイビングをすることで「消極的な自分から積極的な自分へと生まれ変われて充実した人生を送れますよ」という内面を啓発するような話から始めてきた。おそらく、さほどマリンスポーツに関心がない私にダイビングの必要性を感じさせたい思惑があったのだろう。

私の心を耕しながら本題であるダイビング勧誘の説明に持っていって契約の必要性に導くトークの流れ自体は悪くない。ただ、問題は、この手の話が長々と続くことだった。

「あなたには、どのような趣味がありますか？」

と尋ねて趣味がほとんどないことを知ると、

「人生を楽しむためには趣味を多く持ったほうがいいですね」 NGワード

と言う。おせっかいめいたことを言われると、気分的にいいものではない。

私は他人にとやかく言われることが嫌いな性格である。「ああしろ」「こうしろ」と言われるとキレ気味になることがある。こういう性格の人にこの手の話を延々とすることは逆効果なのだ。

このとき、私は勧誘者にわざと攻略のヒントを与えていた。彼に「自分をどのような性格だと思いますか?」と尋ねられて、事前に「とやかく言われることは嫌い」ということを話しておいたのだ。

しかし、勧誘者はまったく覚えていなかった。相手から出てきたヒントを生かし切れないほどの凡ミスはない。さらに彼は、

「どうすれば充実した人生を送れるのかわかりますか?」 NGワード

と尋ねてきた。どう見ても私より七~八歳ほど若く、人生経験が浅いと思われる人物に「人生とは……」などと上から目線で言われると虫唾《むしず》が走る。「おまえはダイビング以外に、どんな人生経験を積んできたのか?」と反論したい気持ちが出てくるが、「潜入取材だ」とグッとこの思いを抑えて話を聞いた。

三十分ほどが過ぎて、ようやく金額の話が出た。ダイビングのレッスン料込みで八十万円ほどだという。

「はあ〜」

私は深いため息をついた。遠い。本題までが遠い。話が遠回りしすぎる。地球の裏側を通ってきて、やっと本来の話に帰ってきた感じである。おせっかいめいた話はせずに、もっとストレートに行くべきだ。

おそらく自分たちがキャッチセールスという手法で勧誘していたため、こういった勧誘について回るうさん臭さを払拭するための回り道かもしれないが、遠回りにもほどがある。もちろん、わざと回り道の話をして、相手の頭を疲れさせて契約をゴリ押しする手もある。しかし、それはあくまでも契約を渋った相手にすべきことで、最初から疲れさせたのではなんの意味もない。墓穴を掘る話をする悪徳商法系の勧誘は案外多い。

ここでの問題はキャッチしたすべての人を契約に落とし込もうとしている点だ。「相手に必要性を感じさせたい」という思いが強くなり、話を遠くのほうから展開してしまいがちになる。これではダメだ。ある程度相手の心を啓発することは必要かもしれないが、ほどほどにしておく。

人にはアプローチすべきタイミングがある。契約してくれないような人へのくどい説明は双方にとって時間のムダになるだけだ。

誘うときには短期、長期、即断の三つの〝ものの言い方〟のパターンを用意しておくべきだろう。自己啓発的な話を振って関心を示せば、

「やってみましょう」 OKワード

と、すぐに短期的な勧誘をすればいい。

現状では相手の関心はいまひとつだが、今後の展開しだいでは契約が可能であるとすれば、先のような回りくどい長期的な説明もありかもしれない。

その見込みがなければ、

「必要でなければ、結構です」 OKワード

「興味がなければ、お帰りください」 OKワード

と門前払いする。

すべての人を誘って成功させようとするからダメなのだ。脈ありの人を見きわめたうえで、営業話を持ちかける。

時に「結構です」と即断する営業が功を奏することもある。「先の話をしてくれると思ったのに、もうこれで終わり?」という気持ちになり、さらに話を聞きたい気持ちが高まり、「お話をお願いします」とお客さんから言ってくるブーメラン効果を発揮することもある。

2 こんな〝盛りすぎ〟の話題にはご用心

体調不良をきっかけに健康商品のパンフレットを集めていると、個人に合わせた健康カウンセリングを行ってくれるところがあったので行ってみた。会場に入ってまもなくして、おばさんが「日ごろ、お仕事でお疲れでしょう。足湯しませんか？」とやってきた。

「ええ」と返事をすると、足元のお湯が注がれた容器に足を入れるように言ってきた。温かいお湯がなんとも心地いい。そして肩のマッサージ、さらに足つぼマッサージをするなどリラクゼーション三昧に、しだいに眠くなってきた。マッサージを終えると今度は薬膳料理が出てくる。いたれり尽くせりの状況のなかで、おばさんは健康に関するアンケート用紙を置いた。完全に警戒心を解いた私は正直にアンケートに答えた。

〝心配な病気〟の質問には脳卒中とがんに○をつけ、〝いまの体調は〟には腹痛、目の疲れなどの項目に○をつけた。おばさんはアンケートを見ながら尋ねる。

「体でとくに気になるところはありますか？」

「最近、ちょっと下痢気味なんです」

すると、おばさんは私の暮らしの状況を詳細に聞き出し、次のように言う。

「このまま下痢が続けば、宿便が残って大腸がんになります」

私は思わず「えっ！」と叫んだ。次に〝目の疲れ〟につけた○を見て、「目の疲れはストレスから来るんですよね。最近はストレスを感じますか？」と聞くので、「そうですね」と答えると、再び「このままストレスをためると自律神経失調症になり、それが高じるとがんになります！」と断言。こういった言葉は人の気持ちを不安に陥れる。おばさんは私の気持ちを見透かしたように、やさしくささやく。

「なんとかしたいですよね？」

「もちろん」と私がうなずくと、「これを飲めば大丈夫！」と健康人参《にんじん》茶を差し出した。

「このお茶は体に蓄積している添加物などの毒素を出して血液をきれいにしてくれますよ」

その金額はなんと百万円近く。あまりの高額に私はたじろいだ。

「どうします？　病気にはなりたくないですよね？」

私の急所を握ったと言わんばかりの憎らしい表情をしている。病気への恐怖心を盾に取られた私は、もはや購入するよりほかはない状況に追い込まれていた。

「どうしようか……」

おばさんは最後のひと押しをするためにギラギラした目をしながら話す。

「世間に出回っているものには添加物が多いですよね。私の知り合いにもコンビニで働いている人がいるけれども、その人が言うには、弁当の上に毎日スプレーでバァーッと、すごい量の防腐剤を吹きつけるんですってよ。アハハハ……」 NGワード

と、おばさんはもう私に商品を売りつけられる確信からだろう、余裕の高笑いを始めた。そして「買いましょうか」と契約書を差し出してきた。

絶体絶命！　……の状況ではなかった。というのも、おばさんの話にウソを見たからである。コンビニの店員は防腐剤をお店で吹きつけたりしない。それは普通、食品加工の工場でやる作業だからだ。これまでの彼女の〝食生活アドバイス〟自体が疑わしいものになった。そこで、さらに尋ねた。

「あなたは薬剤師の免許を持っているんですか？」

「いいえ」

当然、医師免許は持っていないし、医学関連の知識などはほとんどないことがわかってきた。こうして一気に健康アドバイスをするおばさんの化けの皮がはがれたのである。

ホップ（足湯&食事）、ステップ（健康不安を感じさせて健康食品の必要性を感じさせ

る）、ジャンプ（契約への説得）となるところでつまずいた。話の流れがいいからといって次々に話を盛りすぎると、余計な一言から話のバランスを欠いてしまい、倒壊してしまうことになる。相撲でいえば、相手を一気に土俵際に追いつめたときに、相手の体力がなくなるまでひたすら押し続ければいいのだが、さらに一計を案じて引き技を繰り出したり、巻き替えを行ったりすれば、逆に切り返されて自分が不利な状況に陥ってしまう。

ここでは余計な言葉はいらない。すでに健康への恐怖心を感じているのだから、

「どうしますか！」「あなたには絶対に必要なものです！」 OKワード

とシンプルに押すだけでよかったのだ。あるいは目力《めぢから》を強くして、じっと見つめて、

「……」 OKワード

と無言で訴える。沈黙や間《ま》を使うのもいいだろう。あれやこれや話すと蛇足になり、先ほどのようにボロが出てしまう。結局、女性は話を盛りすぎて、せっかく私を土俵際まで追い込みながら、話自体が倒壊したといっていいだろう。

仕事でも頭でっかちで尻すぼみ的な話をする人が多い。話の流れがうまくいっていると思い、ついつい余計な言葉まで混ぜてしまい、墓穴を掘ることが多い。うまくいっている案件ほどシンプルに押し続ける必要があるのだ。

3　効果的な「たとえ話」の極意

マイナスイオン関連の商品を販売する代理店の説明会に私が参加したときのことだ。出迎えた男は私を会議室らしきところに連れていった。

「仕事にノルマはありません。アフターフォローも万全です。取り扱う商品は国の認可を受けた医療用商品ですから安心です」

そしてマイナスイオンを発するというマグネットを見せる。

「これにはかなりの効果がありますので利用者に本当に喜ばれています。半年間は毎月、宣伝していただいたチラシの枚数に合わせて支援金を出します。毎月五万円程度の収入が保証されます」

ものが売れなくても宣伝だけでお金がもらえるというのだ。

「もちろんチラシを見て購入となれば、売り値の半分近いお金を手にできますよ」

いいことずくめの話だが、開業資金がいくらかかるか尋ねてみた。

「九十万円が必要です。ローンも用意しております」

「かなりの金額ですね」

悩むそぶりを見せる私に男は畳みかける。

「ですが、商品単価が高いですから、すぐに取り戻せますよ！」

しかし、「一般的に商品単価が高いと、ものはなかなか売れないよな」と心のうちに思った。悪く考え始めると、どんどん坂道を下るような思考になってくる。

商品が売れなければ、出資金を取り戻すのに時間がかかるよな。それに、この会社はこの年に設立したばかりで、なんの実績もない。万が一、会社自体がなくなったら、九十万円は無に帰する。そこで「すぐに契約の返答をすることはできません」と答えた。すると彼は一気にまくし立ててきた。

「自分もいろいろなビジネスをやってきたけど、こんなおいしい仕事はないですよ！　やりましょう！　ウサギってひとりぼっちだと死んでしまうんです。ビジネスもひとりぼっちではできません。うちのパートナーになってがんばりましょう！」

NGワード

いきなりウサギのたとえである。おそらく、ひとりでは社会の荒波は渡っていけない。助け合いの精神が必要だと言いたいのだろうが、急なたとえに、私の頭はついていけなかった。

しかし、本人はウサギの話が私に効果ありと思っているようで、強気で話を進める。「いま申し込まれても、八日間で無条件に解約できるクーリング・オフ期間もありますし、まずは商品を使ってみて、そのあいだにマイナスイオン効果を実感してください」とまで言ってくる。しかし、私は「とにかく、今日は結論を出しません」と話の途中で席を立つことになった。

ここでのポイントは、なんといってもウサギを出したたとえ話だ。たしかに、たとえ話をすることで相手の理解力を深めることにつながることもある。

〝豚に真珠〟という諺《ことわざ》がある。どんなすばらしい言葉やものごとも、その価値をわからない存在に投げかけてもムダだという意味だが、〝豚〟と〝真珠〟という身近に理解できるものを使うことで、ものごとを理解させやすくしている。似たようなものに〝犬に論語〟〝猫に小判〟もある。たとえ話は相手の理解力を高めてその心を引き寄せる力になる。

しかし、その場の状況を見誤ったたとえ話は逆効果だ。私がウサギ好きであればいいのだが、なんの思い入れもない。そういったなかでウサギの話をされても、その言葉が心に突き刺さるはずがない。すでに勧誘話は私の心のなかで下り坂に入っており、ピントはずれのたとえ話はその坂道を転がるスピードを速めるばかりだった。

もしかすると、過去にこのウサギのたとえで成功したことがあるのかもしれない。しかし、その成功パターンが毎回通じるわけがない。相手の事情などによって変える必要がある。相手の心に訴えかけたいなら、私なら成功者の言葉などを引用するだろう。

「実業家として著名な稲盛《いなもり》和夫《かずお》氏をご存じでしょうか？」

「ええ」

「彼のベストセラー『生き方』に、老師に聞いたという一節があります。地獄、極楽の双方には大きな釜があって、うどんがグツグツ煮えている。しかし、それを食べるには一メートルもの箸を使わなければならない。ところが地獄の人たちはそれを食べられないが、天国の人たちはそれを食べられるというのです。それは、なぜでしょうか？　自己中心の世界で生きる地獄の人々は、うどんを食べるために箸でそれをつまんでも、あまりの長さに自分の口まで持っていけない。ところが極楽にいる人たちは助け合いの精神を知っているから、互いに相手の口に箸でうどんを持っていくので、うどんにありつけるといいます。このたとえのように、お互いに助け合いの精神でがんばりましょう」

OKワード

たとえ話は、その時、その状況によって、使い方しだいで、その発揮する威力はプラスにもマイナスにもなりうるのだ。

4 思わず信頼してしまう「積み上げ式」の話術

〝悩み相談をします〟というチラシを見て鑑定先である公民館に赴いた。そこには頭がピカピカで色黒のおじいさんが正座していた。沖縄の霊能師だという。

「君は金縛りにあうそうだね」

「はい」

事前に悩みのひとつとして先方の質問に答えていた内容である。

「では、この金縛りについて君の先祖に聞いてみよう」

おじいさんは自分の胸あたりをトントントンとたたき始めた。そして近くにいる霊に語りかけている様子で、

「そ、それは……トントントン……うんうん、わかった」

と、ひとりごとを口にしたあと、私のほうに向き直った。

「あなたの金縛りは土地の因縁によるもんだな。建物の下に死体がいっぱいあって、成仏できない戦国時代の人たちがたくさんいる。それで金縛りが起きる！」

そして金縛りにあわないために北枕にして眠り、ふとんの周囲に盛り塩をするように言ってきた。

「それじゃあ、次に健康を見てあげよう」

またもや胸をたたき始めた。

「うん、わかった。ありがとう」

感謝の言葉を述べると、おじいさんはカッと目を開いたかと思えば、急にやさしい目になり、「安心しなさい。君の場合、健康じゃよ！」とニヤリとした。

この鑑定はおじいさんと一対一で行うのではなく、私の鑑定をほかの人たちも聞くかたちで進められる。すると横にいたおばさんがすり寄ってきた。

「よかったわね。今日鑑定を受けた人たちは、みんな病気だったのよ」

「そ、そうなんですか！」

私は驚いた様子で答えた。おじいさんは自信たっぷりにうなずく。

「そう。あなたの前の人には死期が見えていた。あと二〜三カ月以内にいまの住居を出ないと大変なことになった！」

「それは数カ月以内に死ぬこともありうるということですか！」

私の隣の男性が口を挟むと、おじいさんはうなずく。

「次々にそういうことが起こる。あの土地の下には百体以上の浮かばれない霊がいるからだ。この塩で清めなくてはダメなんだ！」

と塩の袋を取り上げた。すると先生は私に足を伸ばすように言い、いきなり足の裏を押した。

「いだだだ……」

私はあまりの痛さに悲鳴を上げた。

「君は心臓と腎臓がちょっと悪いね」

先生は何ごとか呪文を唱えた。

「よ〜し。これでもう君の心臓と腎臓はよくなった」

「このように、病気は霊が起こすもの。私はすべての病気にとりついた霊を払うことができる。薬もいらずに健康にする。がんだって治る！」

最終的に悪霊がつかない清めの塩を鑑定料込みの値段一万円で買うことになった。ツッコミどころが満載の出来事だったが、最もいけないのは前の話と次の話が違っている点だ。

「君は健康だよ」 NGワード

と最初に言っておきながら、私が前に鑑定された人の死をともなう病気の話に驚いた様子を見せると、恐怖心を与えるためだろう、

「君は心臓や腎臓が悪い」 NGワード

などと急に言い出す。矛盾した話の積み上げでは信頼感など得られるはずもない。残念ながら、それを話している当人はそれにまったく気づかないため、どんどん不信感の連鎖が生まれてしまう。結果、ウソの鑑定との烙印《らくいん》を押されることになる。

逆にいえば、論理をしっかりさせた積み上げ式の話は信頼感を生む。

たとえば知り合いにリフォーム業者を紹介される。後日、家を見てもらうときに屋根裏の柱の状況を家人に見せながら説明する。

「一見、この柱は大丈夫なように見えますが」

そこにバールを入れてみると、その柱に簡単に刺さり、もろくなっているのがわかる。

「なかがシロアリに食われてスカスカになっているのがわかりますよね。柱の下にたくさんの木くずも落ちています」

現状はわかったが、リフォーム工事は高額なので、お客さんは不安な気持ちのままである。そこで業者は自分がいま施工している物件を見せる。可能なら実際にその現場に足を

運んでもらい、そこの家人と話をしてもらう。これまでのリフォームの実績を見てもらうことで、お客さんは業者を信頼して契約を結ぶことになる。整合性が取れた積み上げ式で話をすることが大事だ。

仕事でも、お願いごとをするときには積み重ねが大きな武器になる。

「君はこれまで無遅刻、無欠勤でがんばってくれた」

「ありがとうございます」

「毎月の営業ノルマもしっかりこなして、仕事も速い。それに社内がうまくまとまっているのは君のおかげだよ」 OKワード

と言葉を重ねたところで、

「そこでお願いしたい。大きなプロジェクトを立ち上げるんだが、君に責任者になってほしい」 OKワード

と言う。「わかりました。責任を持って成功させます」という力強い言葉が得られるだろう。

ほめ言葉を積み重ねながら話すことで、断る理由をなくさせるばかりか、相手の自発性や、やる気を促すことにもつながる。

5　話の「縦軸」と「横軸」を意識する

ビジネスセミナーを受けようと資料を取り寄せたところから電話がかかってきた。

「癒やしの音楽イベントに来てみませんか？」

私は「おや？」と思った。というのも、ここはビジネス講座を行うところだったからだ。

その点を尋ねると、「私たちはいろいろなかたちのイベントも企画しています」と答える。

現代はストレス社会といわれているので、それを取り払うイベントが開かれるのだろうか。

三千円を払って会場を訪れてみた。一時間ほどのイベントではスクリーンに田園風景が映し出されてヒーリング音楽が流された。正直なところ、たいしたことのない内容だった。

それより衝撃的だったのは、最後に登壇したイベントの主催女性の言葉だった。

「今日は多くの人にお集まりいただき、大成功を収めることができました。ありがとうございます。私がこのイベントの使命に目覚めたのは、A先生に『あなたの後ろにB国の先祖霊がいる』と言われたことから始まりました！」

すると会場は再び割れんばかりの拍手に包まれた。「先祖霊が見える」という言葉にこれだけの拍手が沸き上がるとは……もしかしてA先生は教祖的な存在で、ここは何かの思想団体ということだろうか？

後日、〝経営者講座〟の説明会が開催されるとのことで行ってみた。あのイベントの主催者が説明会の講師をしていた。何やらこの経営者講座はA先生によって始められたものだという。彼女は「なぜ人は病気になるのでしょうか？」と質問をした。

それはウイルスなどの病原体が原因になって起こる……と私は考えたが、彼女の答えはまったく違っていた。

「それは心のなかで起きたことが体に出てしまうから病気になるのです。内臓につながっている（心の）神経が悪いと体も悪くなります。たとえば胃が悪い人は胃につながっている悪い神経があるので、それで病気になります。ですから、心のなかにある悪い神経をなくさなければ病気は治りません。内臓にからみついている悪い神経をどうやって取り除いていくのか？　くわしくは講座のなかで具体的にお教えします。究極的には先生のヒーリング音楽を使って悪い神経をなくしていきます。先生のヒーリング音楽を聴けば聴くほど病気は治ります！」

どうやら彼らが行っていたヒーリングイベントは、たんなる癒やしではなく、病気を治

すという意味もあったようだ。講座の料金は六回で三十万円とかなりの高額である。それにしても、この団体の人たちは、

「みなさんはこの講座が宗教ではないかと心配しているかもしれませんが、違います。経営者には人格が必要なのです。ここではそれを高めるために必要な内容を教えているだけなのです」 NGワード

と一方的に自分たちの主張をするばかりで、私がこの思想に対してどう考えているのかをまったく知ろうともしなかった。ただ勧誘のベルトコンベヤーに乗せてイベント、説明会へと、どんどん前に進めていくだけ。こういったやり方はスピリチュアル系の団体によく見られるものだ。もしかすると、普段から霊の世界に祈っているので、あとの結果は神さまがなんとかしてくれると思っているのかもしれない。

とにかく、こちらの事情を知ろうともせず、自分の思想を押しつけるような、上から下への〝ものの言い方〟はダメな誘い方の典型といえるだろう。

彼らの勧誘には縦と横の関係を組み合わせて話を進めるという視点が抜け落ちている。本来、自分たちが教えようとする思想的内容が縦で、相手が持つ事情や思いを横として、それらの軸を交差させながら話をしていくことが大事なはずである。

「先祖霊がいる」ということを話したなら、

「あなたは、霊の存在を信じますか？」 OKワード

と尋ねる。「心のなかに悪い神経があり、それが体に出てきて病気になる」という考えを示したら、最低限、

「あなたは、この病気の原因についての考えを、どう思いますか？」 OKワード

と質問すべきである。「内臓にからみついている悪い神経をどうやって取り除いていくのかを、講座のなかで具体的にお教えします」と言うならば、「興味はありますか？」「信じられますか？」と聞いておくべきだろう。縦軸の話をしたら、つねにその考えに対する気持ちを把握しておく。しかし、彼らはこういった横軸のアプローチがすっぽり抜け落ちたまま、後日、電話で「講座に入会しませんか？」と誘ってきたのだ。当然、断った。

日ごろ、なかなか話術で相手を納得、説得させられないと思っている人は、縦と横の関係を意識して話をしてみるといいかもしれない。自分の提案をする縦からだけの視点で一方的に話していないか？　自分の話を相手がどう思っているのか、横の視点を尋ねながら話を前に進めているのか？　こういった〝ものの言い方〟をすれば、相手をうなずかせる確率はグッと上がるはずである。

6 相手の気持ちを引き出す「問いかけ方」

縦と横を意識した〝ものの言い方〟は、一枚の頑丈な布を織ることを考えればわかりやすいかもしれない。縦糸と横糸を交差させることでしっかりした生地が織れるように、自分たちの主張という縦糸と、相手の事情という横糸を組み合わせて話を進めることで契約という織物ができあがる。おそらく会社の営業であれば、客先への説明手法といった縦軸はしっかり確立しているだろうから、あとは話している相手の横糸をどう把握して織り込むかがカギになってくる。

横糸をしっかり組み入れるためには相手の情報をうまく引き出すための問いかけが何より重要になる。そのときは「はい」「いいえ」といった限定した答えをさせるような質問ではなく、相手の気持ちを引き出すような問いかけ方をすべきである。

つきあって日が浅い客先で新商品の販売状況を知りたいときに、

「新商品の売れ行きはよかったでしょうか？」 NGワード

とストレートに尋ねても、「よかったよ」と答えられるだけで話はあまり発展せず、十分

な情報を聞けずに終わる可能性が高い。それより、

「あの新商品は、なかなか売れ行きが好評のようですね」 OKワード

と相手の気持ちに水を向けて切り出す。

「そうだね。おかげさまで」

「かなり数字的にもいいのではないですか？　先日も店頭で御社の商品を手に取って購入しているお客さんを何人か見かけましたよ」

「ほう、そうですか。どちらのお店で？」

「○○店です。実際のところは、どれくらいの売れ行きでしょうかね？　気になります」

という話をしながら状況を聞き出す。会話はお互いに質問し合い、自分の事情を打ち明けながら広げていくものだ。

投資商品の話を持ちかけるとき、貯蓄がない人に営業をかけても、そもそも出すお金がないのだから、こちらの縦糸を相手の心にうまく織り込むことはできないだろう。そこで、まず相手の財産情報を聞いておく必要がある。とはいっても、

「年収はいくらですか？」 NGワード

と、いきなり尋ねても答えづらいものだ。そこで少しずつ気持ちのキャッチボールをし

ながら核心へと近づいていく。

「現在はどんなお仕事をされているんですか？」 OKワード

「事務職ですよ」

「差し支えなければ、どちらにお勤めですか？」

「A社です」

「大手企業じゃないですか！　すごい会社でお仕事をしていますね。どれくらいお勤めですか？」

「もう十五年ほどになりますかね」

さらに現在、独身であることを聞き出せれば、

「いま、おひとり暮らしで、大手企業にお勤めですから、かなり稼いでいらっしゃるんでしょうね！　うらやましいです」

「いえいえ、それほどでも」

「もしかして、貯金はこれくらいより上でしょうか？」 OKワード

冗談交じりに指を五本立ててみる。

「ええ、まあ」という言葉を口にさせられれば、五百万円以上持っていることがわかる。

相手の事情という横糸がわかれば、そこに金融商品の提案という縦糸を織り込んでいけばいいだけのことだ。

仕事の面接などでは縦横の織り込み方が逆になる。自分の経験といった横糸を、面接を受ける会社の理念や方向性などの縦糸にどう合わせるべきかを考えることになる。

面接官に「当社ではどのような仕事がしたいですか？」と尋ねられたとする。そのとき、その会社の目指す方向と違う話をしていては「こいつは当社には合わない人物」と思われてしまう。そこで、

「御社は海外への事業展開をさまざまに行っているようなので、これまでに留学などで培ってきた海外での経験や語学力を営業に生かせればと思っています」 OKワード

と答える。この会社で求めているものを把握しておき、そこに自分の過去の経験やスキルを織り込んで話す。

生地の織り方には、一本ずつの縦糸と横糸を交差させる平織《ひらおり》だけでなく、一本の縦糸を何本かの横糸をくぐらせる綾織《あやおり》、縦糸と横糸をそれぞれ五本以上で織り込む繻子織《しゅすおり》がある。織り方によって通気性がよかったり、丈夫だったり、表面が滑らかで光沢を出せたりといった、さまざまな特徴のある生地（話）を生み出せるのだ。

7 相手が思わず決断してしまう「殺し文句」

電車の扉が閉まろうとするのを見ると、つい駆け出す。歩行者用信号で青のランプが点滅し始めると走り出してしまう。そんな光景をよく見かけるが、人は案外待つという行為を回避しがちで、ゴールを見ると、それに向かって駆け出してしまう傾向がある。

番組スタッフとともにキャッチセールスの実態を撮影に行ったときのことだ。私は隠しカメラを仕込んだバッグを渡された。街頭をうろうろ歩いていると、若い男性が近寄ってきた。

「いま、スクラッチカードを削ってもらっています」

受け取ったカードをコインで削ると〝千円分のギフトカード当選〟の文字が出た。

すると男性は、

「おめでとうございます！　ギフトカードをお渡ししますので、私たちのクラブまで来てもらえますか？　じつは会員制のクラブになっていて、最後まで説明を聞いてもらえたら、カードを差し上げます」

私はビルの一室に入って席に着いた。少し離れた場所では中年の女性が二十代男性に何やら熱く語っている。声はBGMによってかき消されているが、おそらく私と同様に会員制クラブに勧誘されているのだろう。

男性は私の前に座り、「最近は暑いですね」「趣味はなんですか?」「普段はどのように過ごしていらっしゃいますか?」などありきたりの話をしてくる。すでに三十分ほどたっただろうか。なかなかクラブの説明をしないので、私のほうから「どんなクラブなんですか?」と尋ねた。すると男性は「ええっと、それは……」と言いながら横の中年女性をチラ見する。

「のちほど説明します」 NGワード

中年女性は契約の締結に手こずっているのだろうか。いまだ熱く話している。

早《はや》一時間以上たったが、相変わらず男は「どこの出身ですか?」と尋ね、「仙台《せんだい》です」と答えると、「そうですか」などというどうでもいい話を続けてくる。

私がしびれを切らして、「ところで、クラブはどういったものですか?」と聞くも、「絵を買っていただければ、クラブの会員になるというシステムですが……」と言いかけて、またもや中年女性を見て、話をやめる。

「のちほどお話しします」　NGワード

どうやらあの女性の許可なく説明してはいけないようだ。

そのうちにカバンから「ガチャン」という音が聞こえた。撮影用のテープが終わってしまったのだ。幸いにも男性の耳にその音は入らなかった。というのも、相変わらず女性をチラチラ見続けていたからである。もはやクラブの説明の本題に入らないことに愛想《あいそ》がつき、「もうギフトカードは結構です」と言って席を立った。ゴールが見えない話ほど退屈なものはない。

それに対して、ゴールを見せる手口で約九百人から十一億五千万円を超えるお金を騙し取った訪問業者の手口は次のようなものだった。

業者は過去にふとんなどを買った人のリストを手に入れて家を訪問する。

「あなたは以前、ふとんを買いましたね」

「はい」

購入した事実を踏まえてウソをつく。

「それはセット販売の契約になっていましてね。新たに商品を買ってもらう必要があります」

相手にしているのは高齢者である。購入したときの記憶は定かではない。相手の話をウソと断定する根拠は何もないため、業者の話を聞くことになる。

「これまでいろいろな勧誘があって、苦労してきましたよね」 OKワード

「ええ」

実際に家を訪問されて、断り切れなくなって商品を買ってしまう人は多い。

「こういった訪問はなくなってほしいですよね？」

「もちろんです」

「じつは、うちの商品を買えば、ほかの業者の訪問販売などの勧誘をすべてやめさせることができます。訪問販売は今後来なくなるので、これが最後になります！」

この言葉を聞いた人は「あのわずらわしい勧誘がなくなる」との思いからこの業者の商品を購入してしまうのだ。もちろんこの言葉はウソなので、その後もさまざまな訪問販売がやってくる。通常の業者であれば、

「契約上、そうなっているので、商品を買ってください」 NGワード

という言葉で押し切るかもしれない。しかし、これでは無理やり購入させられた感じが強くなる。それに対して、

「これで最後になります」 OKワード

とゴール設定したかたちで話を進めれば相手の心をつかめる。このゴールを見せたかたちでのラストフレーズを聞くと、人はすんなりお金を出してしまう。

商品の宣伝をするときに、お客さんは、

「残りわずかです」 OKワード

とゴールを見せられると決断を早くしなければと思う。いわゆる駆け込み需要を喚起できる。ちょっと見栄《みえ》を張りたがる人には「稀少《きしょう》価値のものを持つことで一目《いちもく》置かれますよ」と言えば本人の心のアクセルを踏ませることができるだろう。人は、目標や終わりが見えると、最後の力を絞って走り出そうとする。その効果を巧みに利用する〝ものの言い方〟だ。

8　明確な「ゴール」を見せて納得させる

異業種交流会で出会った中年女性から電話がかかってきた。

「携帯電話のビジネス説明会があります。よろしければご参加ください」

説明会の詳細をさらに聞くと、二時間ほどで終わるものだという。とりあえず説明会に参加する約束をした。

事前にどんな新規ビジネスなのかを聞いておきたかったので、彼女に「内容を少しでも教えてほしい」とメールで尋ねたが、返ってくる答えは「私が話すより、まずご自分の目で確認してください」というものだった。

説明会の当日に駅で会ったときにも仕事内容について聞いてみたが、

「ビジネスのシステムは複雑なので、説明会の話を聞いて理解してください。でも、時代にマッチしたすごいビジネスプランです。楽しみにしていてください」 NGワード

と言うばかりだった。とにかく説明会に誘い込むのが目的のようで、ビジネスの内容についてはくわしく言わない。おそらく説明会に放り込めば私が心底参加したいという気持

ちになると思っているのかもしれない。しかし、こういった説明会に何度も参加しているが、そのような魔法のような会にはお目にかかったことがない。

実際に説明会で話を聞いてみたが、さして心引かれるようなものはなかった。その後、喫茶店に誘われて執拗《しつよう》な勧誘を受けたが断った。これはマルチ商法といわれる勧誘でよく見られる光景でもある。

彼女は大きな間違いをしている。本来の目的は勧誘して契約させることなのだが、彼女はただ説明会に参加させればいいというスタンスで接してきている。しかし、契約という〝ゴール〟を決めるためには、説明会に私を投げ込む前に、私がどんな気持ちで、どんな目標を持って参加するのかを前もって啓発しておくことが大事なのだ。

それがあるかないかでは説明会での身の入れ方が違ってくる。つまり事前に相手の心を耕すこと。農業をするうえでも、ただ畑に種をまくより、土を耕して種をまくことで作物がよく育つようになるのと同じことだ。

仕事でも、ダメな社員は、

「とにかく、会ってもらえませんか？」 NGワード

と必死にアポイントだけを取ろうとする。そこに力を注ぎ込みすぎると、実際に会った

ときの話が疎《おろそ》かになってしまい、本来の契約が取れなくなってしまう。

ここで大事なことは〝目的は隠さず、はっきりさせる〟ことだ。〝なぜ、会うのか？〟というアポイントの目的や、紹介したい内容はある程度伝えて、曖昧な部分をできるだけなくしておく。それによって本人に会ったときにより核心に近い部分から話をスタートさせられるので、交渉成立への近道になるはずだ。先の勧誘でいえば、

「新規に開発された携帯電話に取りつける小型機器の販売で、この販売網にいち早く参加することで利益が出るようになります」 OKワード

ということをしっかり告げる。この点をはっきりさせずに誘い入れてはダメなのだ。私が本当にお金を稼ぎたいと思っているのか？　こういった人を紹介する方法に抵抗を持っていないのか？　などのツボを把握せず、闇雲に説明会に連れ込んでも、契約を拒否される結果になってしまうのは当然だろう。

もちろん、事前にこの話をすれば、「参加するのにお金がかかるのか？」を尋ねられることだろう。こういったことを聞かれるのをいやがって話を曖昧にする人がいるのかもしれないが、それもダメだ。

「はい。参加するにあたっては金銭的な負担があります。詳細は説明会のあとにお話しし

ますが、二十万円ほどかかります」

としっかり答える。

相手が「二十万円は高い」と言えば、「なぜ、高いと思うのか」と尋ねながら相手の懐事情を把握して、事前に対策を施した話ができる。

この話をして会うのがダメなら、もともと脈なしの人と割り切る。何より誘う側、誘われる側にとって時間のムダにならずにすむ。法律でも誘う目的や販売網に参加するにあたっては金銭的負担があることを告げることになっている。これを伝えることは誘う側の最低限のマナーであるといえるだろう。マナーのない勧誘は相手の心証を悪くするばかりだ。

さらに相手はいろいろ興味を持って聞いてくるかもしれない。そのときは「これ以上、内容は話せないことになっています」と答えればいい。

「なぜ？」

「来場してくださった一部の人だけに教える特別な話になっています」　OKワード

こう言われれば相手は納得するに違いない。どんな内容であれ、最低限の勧誘マナーを守ったうえで具体的に話せない理由をしっかり述べることが大事になる。そして双方が有意義な時を過ごせるように配慮するのだ。

第2章

「思わずOKしてしまう」ものの言い方

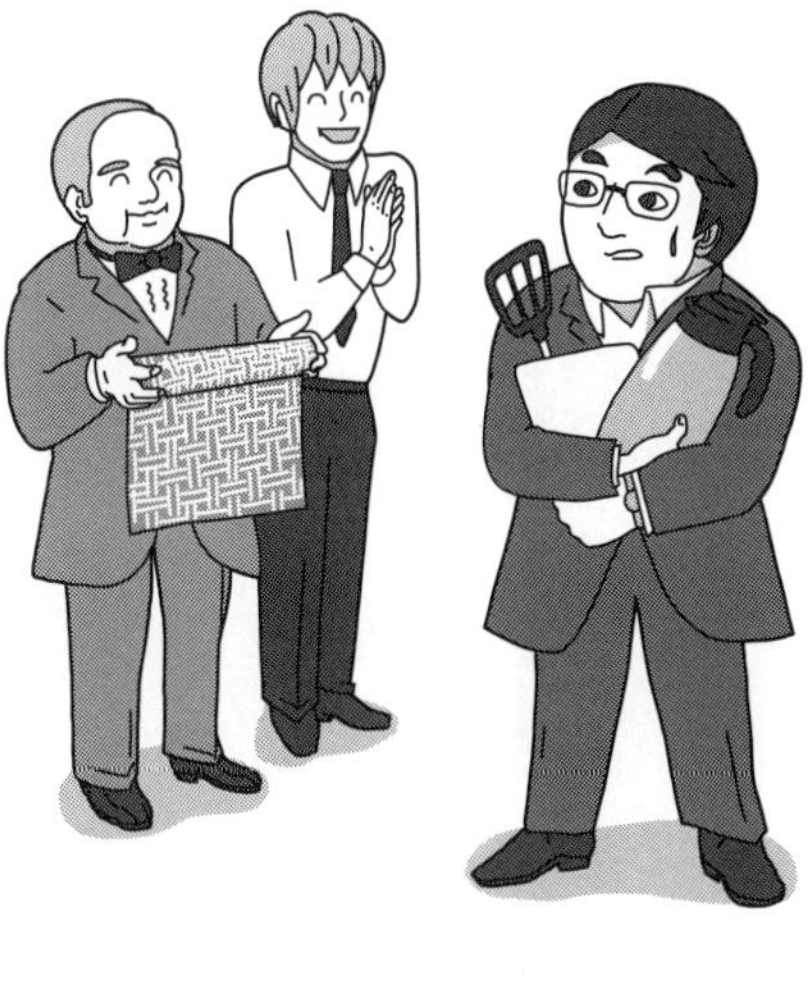

9　最初に「ありがたみ」を印象づける

業者の男性たちが路上で「無料で商品を差し上げますよ」と女性の高齢者に声をかけている。そして商品が山積みされたワゴンのところに連れていき、ハンカチなどの商品を渡す。そのときに男は次のように話す。

「このハンカチには当たりがついているんですよ。当たればさらに商品がもらえます。見てあげますね」

そして男は驚いた表情で「当たりました！　おめでとうございます！　商品はいま、ここにはないので、あのお兄さんについていって、もらってください」と高齢者らは閉鎖的な会場に連れていかれる。会場内に入ってすぐに商品を販売するわけではない。まず日用品が堆《うずたか》く積み上げられたテーブルの前に連れていかれる。そこでは男性が数人の高齢者を前にポットを持ち上げながら話す。

「これは普通に買うと三千円しますよ。けれども、うちの店（ここ）で買うと四百円です！　安いでしょ！」

「安い！」と高齢者から声が上がる。男はそれを聞いてうなずく。

「ありがとう！　うちの商品のよさが伝わったようですね。とってもうれしいから、今日はお金はいりません。無料で差し上げます。欲しい人は手を挙げてください！」

そして、手を挙げた人にものを渡す。

「それでは、次の商品はこちら！」と同じことを行い、また商品をタダで渡す。

「欲しい人！」「はい！」と手を挙げさせることを何度も繰り返す。そして「はい」と言えばタダでものが手に入る喜びに高齢者たちの気持ちは高揚させられていくのだ。そのあとにふとんや健康食品などを紹介するわけだが、高齢者たちはこれまでいろいろなものをもらったことから〝ありがたい〟という感謝の思いを持っており、相手の勧誘話を聞いたり、高額商品を購入したりすることになる。これは閉鎖的な環境のなかで一種の暗示をかけて催眠状態のようにしながらものを売ることから催眠商法といわれる手口だ。

ここで使われる手法の核心は無料で商品をあげて「何かお返ししなければ」という負い目をつくる点にある。〝返報性の法則〟などといわれるこの手法を使われると、本人は騙されていることにさえ気づかなくなる。

よくあるのが、ひとり暮らしの高齢の親の家を家族が訪れると、たくさんの健康食品や何枚もの高級布団を持っている。「騙されたでしょう」と問いつめても、高齢者は「いや、自分から買ったんだ。騙されたわけではない」と主張する。

人の心には、恩を受けたら、それに答えたい気持ちがある。とくにこの商法ではその恩やありがたみを強く感じさせる〝ものの言い方〟になっている。人にものをあげるときに、

「こちらは来場プレゼントです！」 NGワード

とだけ言って渡すだけではダメだ。これでは受け取った相手が〝当たり前〟と思って受け取ってしまい、ありがたみを感じなくなる。

先の業者はこのあたりの商品を渡すときの〝ものの言い方〟がうまい。「欲しい人！」と手を挙げさせて、あるいはお客さんの感嘆の声を聞いて、必ず深々と頭を下げる。

「ありがとうございます。いま手を挙げてくれた人はうちの商品のよさがわかってくれている。うれしいからタダであげます」 OKワード

という感謝の言葉をつけて渡すのだ。

ものを渡すときには相手の心に響く一言を添える。「忙しいなか、足を運んでくださり、ありがとうございます。そのお礼として、こちらをどうぞ」と、ありがとうの思いを込めて渡す。これによって受け取ったことの〝ありがたさ〟へのインパクトが強められるのだ。

10 相手が発した言葉を繰り返しキーワードに使う

催眠商法にはもうひとつ、気持ちを高揚させる言葉のテクニックが使われている。その前に、あるヘタなキャッチセールスの勧誘員の言動を見てみたい。街頭で私は「アンケートに答えてほしい」と声をかけられた。

「趣味はなんですか?」 NGワード

「テニスなどのスポーツです」

「週にどれくらいなさるのですか?」 NGワード

「週に一回くらいですね」

「なるほど。時事問題に関心はありますか?」 NGワード

「ええ」

「映画は好きですか?」 NGワード

「そうですね」

「どんな映画を見られますか?」

などという質問がいくつか続いて、最後に、

「英語には興味がありますか？」 NGワード

と尋ねられた。見ると首に〝○○英会話教室〟のカードを下げている。英語教室に通わせることが目的なのがわかったので、私は「はい」と答えた。

そして、ひととおりの質問が終わったあと、「ぜひ私たちの英会話教室に来てみませんか？」と誘ってきた。しかし、私は英会話教室に行きたい気持ちには全然なれなかった。というのも、この勧誘員はヘタで、まったく会話が盛り上がらなかったからである。おそらく一般の人であれば誘われないが、私は潜入ルポライターなので、相手の手口を知るために、しかたなくついていった。

なぜ心が高揚しなかったのか。その原因は質問の一つひとつがブツブツ切れており、話の流れがせき止められてしまっていたからだ。本来、話には流れがあって、その勢いがあってこそ相手を乗せて盛り上がれるもの。こんなぶつ切り状態では、相手の心は冷めるばかりだ。

では、先の催眠商法ではどうか。

ある程度の数の高齢者が集まると会場の扉が閉まり、数人の男たちが高齢者たちを囲む

ようにスタンバイする。

司会者らしき男性が「少しだけ、うちの商品の説明を聞いて帰ってください。こちらがここの店長さんになります」と呼び込む。すると、周囲を囲んでいる男たち数人も「店長さん！」「店長さん！」と言葉を繰り返す。

司会者が「笑顔と拍手で」と言うと、周囲の男たちも、「笑顔と拍手で！」「お迎えください！」「お迎えください！」と繰り返す。

そして、店長がやってくる。

「じつは、私たちは着物を販売するお店なんです。ちょっとだけ説明を聞いていってくださいね」

「ちょっとだけ話を聞いていってくださいね」

と、周囲が言葉をまた繰り返す。

店長はひとつの反物を取り上げる。

「これは大島紬《おおしまつむぎ》です。これはとってもいいものです」

「とってもいいものです」

「これは百万円です」

「百万円！」

「ちょっと高いですよね？」

「高いです！」「高いです！」

「ですが、今日来てくださったみなさまのために、一気に値引きします！」

「一気に値引き！」「一気に値引き！」

「五十万円引きます！」

「なんと五十万円引き！　半額になっちゃった！　すごい！　すごい！」

「この価格なら買えますよね！」

「買えます！」「買えます！」

「月一万円のローンもあります！」

「ローンもあります！」「ローンもあります！」

こんな調子で話が進む。販売員たちは言葉を繰り返しながら場を盛り上げていく。そして店長の話が終わると個別に契約の話が進んでいく。

高齢者の多くは、それまでに無料商品をもらったというありがたい思いと、場の盛り上がりのなかに飲み込まれて契約してしまう。

つまり、この商法の肝のもうひとつは、言葉を繰り返して相手の気持ちを乗せていくということなのだ。

私たちも発展する会話では何気なく言葉を繰り返しながら、うまく相手の気持ちを引き出している。

たとえば「趣味はなんですか?」と尋ねて「テニスをしています」と答えた相手に、

「ほう、テニスですか。いい趣味を持っていますね。最近もどこかでテニスをしましたか?」

OKワード

「ええ。昨日は有明《ありあけ》でテニスをしてきました」

「そうですか。有明はいいところですよね。日ごろから健康的な生活をしていらっしゃるようなので、私も見習わなくては、ですね」

OKワード

「テニス」や「有明」という言葉を繰り返しながら、そこに自分の気持ちを乗せた答えを返しながら相手の口を軽くさせている。ある言葉をボールにして気持ちを打ち合っているのだ。すると言葉のラリーが続いて話が盛り上がる。

英会話のキャッチセールスはこれができていなかったゆえに心の高揚が訪れなかったのである。

11 「ギブ」は忘れさせ、「テイク」は悟らせない

黒塗りの高級車がやってくる。道を尋ねるようなふりをしながら助手席に座る男が「ちょっといいかな」と歩いている人に声をかける。

「よかったら、これ、あげるよ」と、いきなり袋を渡される。通行人は「なんだろう」と思いながらも受け取ってしまう。なかをのぞくと、何やら高級そうな時計が入っている。

「それは有名ブランドのもので、十万円もするものなんだ。じつは倒産した会社の商品のもので、持っていてもしかたないから、もらってくれないかな?」

実際には偽ブランドの二束三文のまがいものである。にもかかわらず、男は、

「でも、タダでもらうのも気が引けるものだよね。それで少しだけでも運転手に心づけのチップでも払ってもらえるとうれしいんだけど」

と言いながらお金を要求する。

通行人の支払う額が少ないと、「もう一枚(万札)を出してくれないか」と言ってきたり、受け取った行為に対して「タダで受け取るのか、コノヤロー!」と恫喝《どうかつ》して数万円を払わ

せたりすることもある。

私もたびたびこの光景を目にしたり、この行為を受けた人の話を聞いたりしたが、最初にタダでものをあげて、受け取ってしまったという負い目を感じたところでお金をせびるなど、一見するとなかなか巧妙な手口に思える。

しかし、ダメな点は、すでに警察に逮捕されていることからわかるように、悪事がバレやすいところだ。つまり、ものをあげてからすぐに謝礼金を要求するなど、負い目を与える余韻がなさすぎるところに原因がある。

その点、先の催眠商法の手口では、この恩を売る手法を巧みに使っている。

街頭から高齢者たちを会場に連れ込むと、男は元気な声を張り上げる。

「当社で売っているこの商品、とても人気の商品です！　デザインもよくて、使い勝手もいいと評判です。ひとつ二千円もするものですが、欲しい人はいますか？」

すると高齢者たちが手を挙げる。「当社の商品のよさをわかっていただいて、とてもうれしいです。ですので、今日はプレゼントしちゃいます」。そして「ありがとうございます！」と深くお辞儀をしながら商品を渡す。こうして次々に高齢者にものを渡していく。

それからしばらくして、店長を呼び込み、着物の説明をするわけだが、すでに会場の高齢者たちはたくさんのものをもらっているので、とてもうれしい気持ちになっており、商品の購入に前向きな気持ちを心に抱きつつ話を聞くことになる。

〝これ、あげるよ商法〟と催眠商法の違いは何か。それは先の商法が相手に恩を売ったらすぐに見返りを求めているのに対して、催眠商法では見返りをすぐに求めず、恩を売っているのがわかりにくくなっているところだ。

ビジネスではギブ&テイクの関係が大事などといわれる。ところが尽くすというギブがリターンをしてもらうための言動であると相手に見え見えな〝ものの言い方〟をしている人が多い。これではダメだ。

部下が仕事で失敗をしたことをフォローしたあとに、

「失敗をリカバリーしておいた。だから、あとはおまえがやれ!」 NGワード

こんな恩を押しつけるような〝ものの言い方〟はダメである。

「リカバリーはしておいたから、あとはなんとかできるな!」 OKワード

こう言われれば、恩義を感じてがんばろうという気になるだろう。

最初の〝ものの言い方〟では「失敗」という言葉を口にしているが、リカバリーといえば失敗をカバーするという意味である。それゆえ、「失敗」を口にすることで、ことさらに

そのことを強調する結果になってしまう。

それに、「やれ！」では失敗を取り戻して会社に利益というリターンをもたらせという意味に聞こえる。

それに対して「できるな！」と言えば、会社の利益より、「おまえ自身が自信を取り戻してがんばることがいちばんだ」という思いも込められる。

人は恩を与えられれば、尽くされたことに対するお礼をしなければならないと自然に思うものだ。わざわざリターンを含むような言葉を話に込める必要はない。よく交流会に参加するが、名刺を交換するときに、

「何か仕事があれば、よろしくお願いします」 NGワード

などと言う人がいる。しかし、そんなことを言わなくても、そもそも名刺交換するのは、なんらかの仕事の関係を結びたいから行っているので、そんな言葉を吐くより、

「御社のために何かお力になれることはありますか？」 OKワード

と相手に対して「自分に何ができるのか」を考えて話すほうが先決だろう。

名刺ばかり配っていて、なんの仕事の依頼もない人は、この点を注意する必要があるかもしれない。

12 「馬から落馬した」的な表現でインパクトを出す

じつは〝これ、あげるよ商法〟では恩を一度だけ与えているのに対して、催眠商法では恩を繰り返し与えている。ここにも大きな違いがある。

たとえば、お土産を持っていって相手に渡し、

「すみませんが、五十万円を貸してください」 NGワード

と言っても、そう簡単にはお金を貸してくれないことだろう。しかし、サギ事件などを見ると、何度もプレゼントをあげて相手が心を許したところで「お金を貸してほしい」と言って多額の現金を搾取するケースが多い。つまり恩を売る行為を何度もしているから、相手はその思いに応えようとするのだ。

仕事においても、誰かに仕事を依頼しなければならない場面が出てくるだろう。そのとき、常日ごろから相手の仕事の依頼に何度か応じた土台があれば逆にやってもらえるけれども、いつも断ってばかりいたのに、急に「やってくれませんか?」とお願いしても、快く引き受けてもらえないだろう。

つまり困った状況に手を差し伸べた回数が多い人ほど仕事で助けてもらえるというわけだ。ここでもギブが多いほどテイクをしてもらえる。

じつは〝ものの言い方〟でも、相手から強いリアクションを得たいときにアピールしたい言葉を繰り返すことが大事になる。

催眠商法では本来、業者がものをあげているのだから、本来はもらった側が「ありがとう」のはずである。しかし、業者はプレゼントをしたうえで、

「もらってくれて、ありがとう」 **OKワード**

と感謝の言葉を重ねる。さらなる恩のワンプッシュをするのだ。つまり恩の重ね盛りだ。〝ものの言い方〟としては言葉の重ね盛りということになる。

よくいわれるのは、同じ言葉を繰り返すトートロジーな〝ものの言い方〟はダメだといわれる。トートロジーとは、ある事柄を述べるのに同義語や類語を使って反復させる〝ものの言い方〟のことだ。たとえば、

「昨日は馬券をはずしたよ！　自分が賭けた競走馬に乗っていた騎手が馬から落馬しちゃってさ」

落馬は馬からするものである。〝馬〟という言葉は不要だといわれる。日本語としてはよ

くないかもしれないが、話し言葉として落馬したことを強調したいときには問題ないのだ。

とくに営業などで相手にインパクトを与えてものごとを伝えるという意味においては、言いたい部分を反復して強調することは悪くない。日本語としての正しさといったきれいごとではなく、いかに相手にこちらの言葉を受け取らせるかが重要になるのだ。

サギ師や悪徳業者はよくものをあげて私たちの心を引きつけようとするものだが、そのときに「あなただけに特別にこの商品を無料でプレゼントしますよ！」と言ってくる。そもそもプレゼントは無料でするものなので、ある意味、これはトートロジーだ。しかし、この言葉を受け取った側は「タダでものをもらった」という印象を強くさせられる。

クライアントに、

「もう一度、今回の提案を再考していただけませんか？」 OKワード

と話す。再考とはもう一度考えることでトートロジーになっている。つまり言葉を換えて「もう一度」を繰り返して必死にお願いをしているのだ。

ただし、注意したいのは同じ言葉を繰り返し使わないということだ。これが、

「もう一度、今回の提案をもう一度考えていただけませんか？」 NGワード

と言えばどうなるだろう。相手はくどさを感じるだろう。つまり同じ意味の言葉を違う

言葉で重ね盛りをすることが大事になる。「夜分に連絡してすみません」より、

「夜分、遅い時間に連絡してすみません」 OKワード

と言う。夜分なのだから本当は「遅い時間」などと繰り返す必要はない。しかし、遅い時間に連絡するという非礼をわびることを強調するうえでは必要なことだ。

街頭のキャッチセールスや飲食店の呼び込みにも「お仕事ご苦労さまです」と労をねぎらいながら、「お酒を飲む居酒屋は決まっていますか？」などと尋ねてくる。居酒屋なのだから酒を飲む場所であるが、同じ意味の言葉を二度言われることで、相手は聞く耳を持つだろう。

トートロジー的な〝ものの言い方〟は先の「馬から落馬」を見てもわかるように、文章にすると「馬」が二つあるのがバレてしまうが、話し言葉では案外気づかれないものだ。

客先で営業の名刺を出して「私は保険会社で営業をしている山田と申します。あなたに合った保険プランをご紹介できればと思います」。金融業者の名刺を渡しておいて「いい金融商品の紹介をできればと思います」と言うのは、ある意味、「保険」や「金融」という同じ言葉を繰り返すトートロジー的な営業なのかもしれないが、別に違和感はない。逆に、こういった営業をすることで伝えたい部分を強調できる利点があるはずだ。

13　いつのまにか同調してしまう畳みかけ方

24ページの沖縄の霊能師による鑑定では信者と思《おぼ》しき人たちの同調行為が目立った。

おじいさんが「あなたの前の人には死期が見えていた」と言えば、周囲の人たちは、

「そうなんですか！」 NGワード

と驚き、納得する。

さらに「霊を払うために盛り塩をしなさい」と指示すると、ある男性は、

「四方に塩を置いて、　**北枕ですよ」** NGワード

と、その言葉を忠実に守るようにと真剣に私に言ってくる。上の人の話す言葉は絶対で、何がなんでも、それにみんなが従うという構図だ。

たしかに、ひとつの思想という流れに身をゆだねたほうが、自分ひとりで苦労しながら考え込むより判断が楽になることがある。たとえば混雑する駅構内を歩くとき、流れに逆らうより人の流れに沿って歩いたほうが楽であり、目的のホームにすんなり着ける。これに似ているかもしれない。しかし、この行為が行きすぎると、相手の意見に対していっさ

い反論しない〝依存状態〟という危険な結果を生むことになってしまう。これはカルト思想によくありがちな同調行為の負の側面だろう。

勧誘先で行われる説明会に行くと、決まって前列に座らされる。そして、周囲の人たちがものすごくうなずき、大きく拍手をして、雰囲気のなかに私を飲み込もうとする。これもまた、雰囲気に同調させようとするための手法だろう。

私たちは、できれば流れに乗るだけではなく、逆に流れをつくりだす側になって、より主導権を握れる立場になりたいものだ。唐突だが、同調効果をうまく引き出すにはチラシの配布の方法が参考になる。

私は長年チラシ配りをしてきて、人の流れを読める人間ほど多くのチラシを配れると思っている。人が常時多く流れているところより、駅の乗り降りや信号の変わり具合によって人の波が多かったり、少なかったり、変化があるほうが配りやすい。

そのとき、最初の人が受け取ると次の人も受け取ってくれる傾向がある。「何かお得な情報でもあるのではないか？」と思うからなのかもしれない。それゆえ、なるべく最初は受け取ってくれそうな人からチラシを渡すようにする。こうすれば次々にチラシを受け取ってもらえて、効率的にチラシをはけさせることができる。

これは会話などの〝ものの言い方〟にも使える同調効果の方法だ。

試食品会などでいい反響を受けたいときは、まず「はい」とうなずいてくれそうな人から声をかけて、

「お味はどうでしたか？」 OKワード

と尋ねて、「おいしいです」という前向きな答えを引き出しておく。さらに次も人々の表情を見ながら、いい答えをしてくれそうな人から、

「今回は酸味にこだわってみましたが、いかがでしたでしょうか？」 OKワード

と尋ねて、「そうですね。酸味がほどよくきいていて、味はよかったです」という答えを引き出しておけば「まずい」と言えない雰囲気になる。通常の食事でも誰かに「うまい」と言わせておいてから食事をさせると、先入観もあってか、案外おいしく感じるものだ。

会議やプレゼンでも、自分が望む合意を取りつけたければ、気難しい上司から尋ねるのではなく、まず「はい」とうなずいてくれそうな前向きな人から、

「どうでしょうか？」 OKワード

と聞いていき、最終的に気難しい人の答えを仰ぐ。同調効果を得られるような質問で話を進めていけば、自分が意図するような議事を進行していくことができるだろう。

14 難色を示す相手の心を逆転させる一言

かかってきたアンケートの電話をきっかけに女性に会うことになった。「会ってご飯でも食べたい」と女性が言うので待ち合わせ場所に行ってみると、「食事の前に私の職場を見てほしい」と言う。

歩いて数分の彼女が勤めるという店を訪れると宝石店だった。そこで百四十万円もするネックレスを買わないかと執拗に誘われた。本来ならさっさと断って帰るところだが、帰れない事情があった。それは私が彼女に〝ホ〟の字になってしまったことがある。

彼女はまず、自社の宝石の新提案とやらを切り出す。

「まず、ペンダントを身につけて、結婚相手が決まったらペンダントのダイヤモンドをエンゲージリングにはめ替えるんです。私たちの提案をご理解いただけましたか？」

「ええ」と私が答えると、彼女は当時独身の私の手をいきなり握ってきた。

「ありがとうございます！」

彼女はものも言わず、じっと私の目を見つめる。「あなたが好き」という思いを目線に込めているようにも見える。私の胸は高鳴り、彼女を抱き締めたい思いにすら駆られた。

　そしてショーケースからネックレスを出して首に下げてくれる。私の顔にぴったり頬《ほお》をつけて、鏡をのぞき込む。

「ステキでしょう?」

「うん。なかなかいいんじゃないかな」

　彼女の熱い息が耳元にかかり、恋人と買い物をしている気分になる。しかも彼女は美人だ。これからつきあえるかもしれない、そんな煩悩が私に断り文句をなくさせていた。

　しかし、その宝石は百四十万円であり、あまりに高額だ。そこで私はほかの宝石に目を泳がせて、「これなんか、どうかな?」と指差した。

　しかし、彼女は聞く耳を持たず、

「それはあなたには似合いません」 NGワード
と、きっぱりした口調で否定する。私は「高すぎる」の言葉を何度も繰り返した。三十分ほどの押し問答が続き、彼女はいったん席を立った。そして彼女は戻ってくるなり、

「さっき指差した宝石は、うちの社長のおすすめのひとつでした!」

　彼女はそのネックレスを私の首に下げて、

「似合っていますね！」 NGワード

と言う。さっきとは正反対の言動に、もはやあきれるしかなかった。私は購入を断り、その場をあとにした。

彼女は私の提案に乗るのが遅すぎた。高額な宝石の大物を釣り上げることばかりに目が行き、私の「購入したい」という小さな芽を摘んでしまったからだ。

ものごとには相手の話に乗るべきタイミングある。それを逸すると残念な結果に終わる。

次のような話がある。白隠慧鶴《はくいんえかく》禅師の会下《えげ》に、ある曲者《くせもの》の僧がいた。自分は即仏であると悟った。そこで貴重な経典を破ってはトイレの紙として使っていたのだ。周囲の僧がやめるように注意しても、「自分の尻の穴は仏の穴だ。それを仏の説いた経典で拭くのが何が悪い！」と言うのだ。この相談を受けた白隠禅師はこの僧を呼んで尋ねた。

「おまえは経典を破って尻を拭いていると聞いたが、本当か？」

「はい。自分は仏です。仏の説いたお経で仏穴を拭くのに、何か悪いことがありますか？」

と言ってはばからない。しかし、白隠禅師は「それは違う」と一喝した。

「仮にもおまえの尻の穴は仏の穴だ」

「はい、そのとおりです」

「それを経典という古紙で拭くなど、もってのほか！　仏穴は清浄なもので拭くべきだ！これからは清い白紙で拭くようにしなさい！」

さすがの僧も言い返せず、この行為を改めるようになったという。

説得するために相手の言う言葉に乗っかってみたわけである。どんな言葉でも相手が語る発言には責任が生まれる。そこを起点にものを言うことが大事なのだ。

ある商品をすすめてはみたものの、相手が別の商品を欲していることがよくある。それを見逃さず、まずは相手の話に乗ってみる。たとえば先ほどの宝石の勧誘の場合、私がほかの宝石を指差したときに、相手の言葉に乗って一緒に考える姿勢を見せておく。

「こちらの宝石のほうに興味があるんですね。たしかにお似合いの商品です。悩むところですね」 OKワード

「私はこちら（百四十万円）のほうがお似合いだと思いますが、なぜこちらがいいと考えるんでしょうか？」 OKワード

「値段が安そうだからです」

「なるほど」と事情を聴きながら購入話を進めていく。相手の言葉の上に乗る話をすることで「購入したい」という小さな芽を大輪を咲かせる花へと育てることができるのだ。

15 あえて失敗の可能性もほのめかす

気に入った女性に声をかけたものの、誘いを断られて気持ちが落ち気味なときに携帯電話が鳴った。相手は結婚相談所の女性の勧誘者からだった。はっきりした記憶はないが、もしかすると過去に資料請求などをしたのかもしれない。話を聞いた。

「当社には、たくさんの結婚したいという女性が登録しており、あなたに合うぴったりな女性が必ず三人は見つかります。ぜひとも話を聞きに来ませんか？」

当時は三十歳を過ぎて独身だったことに加えて失恋気味の状況だったゆえに、私は二つ返事で「はい」と答えた。

その場所に行くと四十代の女性勧誘者がたくさんの女性のプロフィールが載った分厚いファイルをいくつか持ってきて、丁寧な口調で説明してくれた。

「こちらが全国の登録されている女性です」

それを見ると、かわいらしい女性がたくさんいた。

「気に入った人がいたら、付箋を貼っておいてください。お相手の方もあなたに興味を抱けば、お見合いが成立します」

私は必死に気に入った女性のページに付箋をつけた。勧誘者はその姿を見ながら、

「たくさんの方に興味があるんですね。これなら必ずあなたの意中の方が見つかるはずです。ぜひともご入会ください」

契約書を見ると三十万円ほどの値段だった。かなりの高額に、私はひるんだ。

すると勧誘女性は、

「私が責任を持って、あなたにぴったりな女性をご紹介しますので安心してください。結婚しましょう！」 NGワード
と押しの強い口調で迫ってくる。再び私が迷ったそぶりを見せるも、「当社ではすでに多くの人が結婚している実績があります。必ずすばらしい出会いがあります！　入会しましょう！」と目を輝かせる。とても真剣なまなざしに、この結婚相談所に好印象を持った。

「わかりました」

私はローンでの支払いで契約書にサインをした。

お見合いを成立させるためには、まずサイトで登録女性たちを探して気に入った人にメールを送る。返事があったら見合い成立となる。ところが三カ月間メールを送り続けて

も一件の見合いも成立しなかった。「なんだよ、ここは」という思いになった。

私は女性に退会を申し出た。すると驚いたように電話がかかってきた、

「なぜ退会されるのですか？」

「なぜですって？　お見合いがまったく成立しないからです。それに、あなたは入会時に私が責任を持って紹介しますと言いながら一度も連絡もない。ただメールで相手を探しかない状況じゃないですか。なんのフォローもなし。そこにも不信感があります」

と言って電話を切って中途解約した。この〝ものの言い方〟の失敗は、

「私が責任を持って紹介します」 NGワード

「あなたには必ずすばらしい出会いがあります」 NGワード

などと最初に好印象を持たせすぎたことだ。その後の見合いすら成立しない現実とのギャップから、マイナスの印象を強く抱いてしまうことになる。

おそらく多くの人は最初に相手から好印象を得ようとして力を込めた〝ものの言い方〟をしてしまいがちだ。たしかに人は見た目が大事である。最初に会ったときの印象でその人の評価を決めてしまうことが多い。しかし、最初にあまりに大きな好印象を与えてしまうと、その人の評価は下がるばかりとなる。

逆に、最初に好印象をさほど与えず、ありのままの姿を見せておいて、あとからいい印象を強く与えたほうがいいこともある。

恋愛なども、最初に異性と会ったときはさほど関心がなかったが、何度か会っていくうちにその人のよさが見えてきて結婚というゴールにたどり着いた人もいる。後づけの効果のほうがてきめんなのだ。

つまり先の事例の場合、「結婚相談所がどれだけすばらしいか」をアピールしすぎない〝ものの言い方〟をすべきだった。

「多くの人がこの場を通じて結婚しています。ですが、実際にすべての人が出会えるとはかぎりません。異性と出会うためのコツやノウハウはさまざまにあります。自分の力では難しいと思ったときは、気がねなく私にご相談ください」 OKワード

と最初の印象を上げすぎない〝ものの言い方〟をしておく。

実際に結婚相談所に入ったものの、結婚相手に出会えない人のほうが多いものだ。そのときには、さまざまなアドバイスをしてやることで相談所の印象はしだいに上がっていくことになるはずだ。とくにサービス業の場合は、印象は頭でっかち、尻すぼみではなく、尻上がりの効果を出すことで、入会したお客さんは満足していくものである。

第3章

「相手の意表を突く」ものの言い方

16 ネガティブな言葉は「ガン無視」する

街頭で「名刺交換をお願いします」と声をかけられた。

「ひとりでも多くの人と名刺交換をしてくるように上司に言われていましてね」

などと言いながら自分の名刺を差し出す。会社には何かしらのノルマがある。営業職を経験してきて、その大変さを知る者ほど名刺交換に応じてしまいがちになる。

私は彼と名刺交換をした。そこには社名と〝第一営業部〟と書かれている。名刺をのぞき込んでいると、「うちはマンションの販売をしているところです」と言う。

「ほう。マンションですか」

「ええ。ワンルームマンションを投資用で販売しています。興味があれば、一度お話を聞いてもらえませんか?」

なるほど、投資マンションを販売する目的で名刺交換をしていたのか。

となると、彼は私がマンションを買える人間かどうか値踏みをしてくるに違いない。

思ったとおり、「現在の年収はおいくらでしょうか?」と尋ねてきた。初対面の人に、しかも通行人が聞き耳を立てるような街頭で、そんなプライベートな話はしたくはない。

「まあ、そこそこですかね」

と、お茶を濁すような答えをしてその場を去った。翌日、電話がかかってきた。

「今日はいろいろ多田さんのことを知りたいと思ってお電話しました。現在のお仕事の内容は、どのようなものでしょうか？」 NGワード
相変わらず、ここでも投資マンションの販売につなげようとする話ばかりが続く。

そこで単刀直入に「投資マンションを購入すればいいってことだよね」と言ってみた。

「老後にたくさんお金を手にできるように、いまからがんばりましょう」 NGワード
「はい。そうです。お会いして、ぜひともお話をさせてください」

私はこの申し出を拒否した。断った理由はマンションの購入に興味がなかったこともあるが、何より、この男の話がつまらなく、引きつけられるものが何もなかったからである。

その理由は単純明快。名刺交換をしながら投資商品の紹介をして、最終的に強引な営業につなげていくという先の展開が丸見えだったからだ。話の流れが見えすぎると、人はつまらない気持ちになってくる。

人の心を引きつけるには、相手に「おやっ？」と思わせる、予想もつかない一言を投げ

かけることが必要だ。過去に巧みだと思ったのは、宝石を紹介されたお客さんが「お金がないので買えません」と断っているのに、

「わかりました。それなら、ぜひ買いましょう!」 OKワード

と笑顔で言ってきたことである。本来、お金がなければ高価な宝石は買えない。なのに、この勧誘者は「お金がないからこそ買いましょう」と言ってくる。さっぱり意味がわからない。勧誘を受けたお客さんの頭にはたくさんの「?」マークがつくことになる。

これは相手の予想もしていない言葉を返すことで、拒否する相手を再び交渉に乗せるための〝ものの言い方〟だ。「なぜ?」と相手が思っているあいだは勧誘者の話を聞くことになる。その意味を知りたいと思い、相手の言葉に真剣に向き合わなければならなくなる。

正直なところ、「お金がないから買いましょう」には正解はない。いかようにでも話を展開できるからだ。「お金がないという自分の限界を超えて購入したときには、その喜びはより大きくなる」という意味で「買いましょう」と言った。あるいは「なぜ?」と思わせたまま答えを出さず、「購入の契約をしましたら、その意味を教えます」などと先延ばしする発言をして逃げることもある。いかに相手の思惑を超えた〝ものの言い方〟ができるかどうかが心をつかめるかどうかのポイントになる。

17 〝土俵の外側〟にある回答でけむに巻く

悪徳業者は自分の論法で相手を追い込むのはうまいが、逆に相手に攻め込まれると案外もろいものだ。ロト6《シックス》という宝くじを利用したサギに、「事前に当たり番号がわかっている」とウソをついて情報料金を騙し取る手口がある。当たり番号が決まっているなどということはありえないのだが、悪徳業者らは「特定の当たり玉をはじき出すように、事前にコンピュータにプログラミングされている」「私たちは日本宝くじ連盟というところからその番号を買いつけている」などと言って話を信じさせる。

私が番組スタッフとその手口を使う悪徳業者の男をやり込めたときの会話だ。

「私はロト6を主催する銀行に確認しましたが、『日本宝くじ連盟なんて団体はありません』と言われましたよ。ありもしない団体の名前を、なぜ使うんですか？」

「いや、あります」

「本当はそんな団体はないんでしょう？」

とウソをつくなと厳しい言葉で責めると、男はこう言う。

「あなたの尺度で決めつけないでほしい」 NGワード

「おいおい」。これは私の尺度ではなく、社会的に認められた銀行が「存在しない」と言うから「ない」と言っているだけである。

「これは私の尺度ではありません。ロト6を運営する協会にも聞きました。こちらからもそんな団体は存在しないと聞いています。そもそも日本宝くじ連盟はどこにあるんですか？　ありもしないものを、どうやって調べて確認すればいいんですか？」

すると男は返答に困ったようで、

「特殊法人というのはですね……」 NGワード

と難しい言葉を出してけむに巻こうとする。その手には乗らない。私はその言葉をさえぎり、「特殊法人とはどういう法人なんですか？」と尋ねた。

「それは一般公開されていないものでして……」

「では、一般公開されていないものをどうやって確認すればいいんですか？　確認できないものは存在しないのと同じですよ？」

言い訳をしようとすればするほどドツボにはまる。

「ところで、あなたの会社の住所は○○になっていますね？」

「本当にそこにあるんですか？」

「そこは私書箱ではないですか？」

すでにこの会社については調べずみで、サイト上の住所は架空の住所である。

「………」

「それでは、従業員は何人ですか？」

「ホームページでは三十二人とありますね。この住所に三十二人がいるんですね」

と、きつく迫ると、男はもう答えたくないという感じになった。最終的には「すでに手付けとして払った一万円は返す」などと言って電話を終えた。すべてを事前に確認してウソを一つひとつつぶしていき、相手をロープ際に追い込んで追及のパンチのラッシュを繰り出したのである。

ロープ際に追い込まれたら終わりなのだ。その前にそのパンチをかいくぐるような答え方をすべきなのだが、男はまったくできていなかった。ウソの上塗りをするような答えをしてドツボにはまっていったわけである。

一方、答え方が巧みな業者もいた。私が金運アップのブレスレットを八千円で購入したときのことだ。「必ず金運がアップする」というので買って身に着けてみたものの、まったくお金は増えない。そこで業者の男に「ブレスレットに効果がないので返したい」と言った。しかし、「すでに返品期間が過ぎているので、それは無理です」と突っぱねられた。それでも「効果がないウソの商品を、なぜあなたは売ったのか」と、さらに攻撃を続けた。

この言葉を言えば、たいがい先の業者のように次々に言い訳を口にして、何かしらのボロを出すものだ。ところが、この男は慌てる様子をまったく見せずに、私の言葉をすべて受け入れて、次のような言葉を口にした。

「じつは、近々お伝えするつもりだったのですが、来年こそがあなたの飛躍の年です！」

「それがどうした！」

「いまは運勢が上がってきている状態なので効果が見えてこないんです。あなたのネックレスは、今年用ではなく、来年の運勢がよくなるようにつくっています」 OKワード

この電話をしているのは十二月だった。

「効果が出るまで、しばらくお待ちください」 OKワード

予想もしない一言に、さすがの私も、「そ、そうですか」と言って会話を終えた。ある程度の相手をやり込める想定問答を頭に描いていたのだが、この展開はなかった。あらためて悪徳業者の口のうまさを痛感したしだいである。

18 スケープゴートを叱《しか》りつけて相手をひるませる

トラブルに見舞われたときに、攻める側も守る側も、ある程度どんな会話のやりとりがなされるのかを考えて臨むことだろう。商品開発に時間がかかって納期どおりにものが納められないとき、頭を下げて「申し訳ありません。もう少し納品まで時間をください」と言うかもしれない。とにかく誠心誠意を込めて謝る。

「なんとかお願いします」 NGワード

そればかりを繰り返しているだけで、果たして相手は納得するだろうか？　実際、過去に私が営業を担当していた新人のときに、このような状況に陥った。前任者が辞めてしまい、私がその人の開発担当の案件を任されたわけだが、蓋を開けてびっくり。まもなく納期なのにまったく開発が進んでいなかったのだ。開発担当に尋ねると、完成までに早くても三カ月かかるという。しかも、そのことを相手の会社に伝えていない。社内で大問題になった。おそらく前任者はにっちもさっちもいかない状況ゆえに突然、退職というかたちを取ったのだろうということは容易に推察できた。尻に帆をかけて逃げ出したのだ。

「あと三カ月あれば必ず現在開発している商品を完成させます。なんとか納期を延ばしてもらえませんか？　お願いします」 NGワード

と私は言ってみたが、すでに相手先は突然の納期遅れに激高しており、聞く耳も持たない状況だった。そこで社長、部長と私が雁首《がんくび》をそろえて謝りに行った。しかし、クライアントはとにかく「納期までに完成させろ」の一点張りである。というのも、うちの開発商品がまもなく完成することを前提で商品の広告を打っていたからだ。納期がずれるとなると多額の広告費がムダになる。

相手の会社は激しい言葉で「なぜ納期が遅れることを、もっと早く言わなかったのか！」と責めてくる。しまいには数千万円もの違約金を取る可能性まで交渉のテーブルに載せてくる。こちらは冷や汗を流した。うちのような小さな会社がそんな大金をめぐって裁判沙汰になったら、すぐに吹き飛んでしまうだろう。

「前任者がそれを言わなかったので……」 NGワード

などと言ったところで相手は聞く耳など持たないだろう。入社早々大変な事態に遭遇した。しかし、慌てずにことを構えていたのは百戦錬磨の営業部長だった。相手の目の前で急に私に向き直り、

「おい、おまえ」

「はい」

「なぜ、こんなになるまで放置していたんだ。おまえがしっかり進捗管理をしていないからこうなったんだろうが！」 OKワード

と真っ赤な顔をして怒鳴った。

「えっ？　数週間前に担当を代わったばかりで」などと言える状況ではない。私は「申し訳ありません」と謝る。部長はそれでも責任追及をやめない。

「このまま会社に損害を与えればおまえはクビだ。そして全社員が職を失って路頭に迷うことになる。その重大さがわかって対応していたのか！　なぜ早くその状況をつかめなかったのか？　前任者とどんな引き継ぎをしていたんだ！　彼からどんな業務の進捗状況の報告を受けていたのか！」

部長はいまにも私に殴りかからんばかりに怒鳴り続ける。「うちが倒産したらおまえのせいだ！　ほかのすべてのクライアントの仕事がストップして、たくさんの人に迷惑をかける。どう責任を取るつもりだ！　そのことがわかっているのか！　この野郎！」と、ずっと怒鳴り声が打ち合わせ室に響き続ける。私は「すみません」と言い続けるしかなかった。

ついに、あまりの部長の激高ぶりに、それを聞いていた相手の会社の人たちが「まあまあ、そこまで怒鳴らなくても」と言い始めた。「彼も新人ですし。がんばって対応してくれていますから」と言って仲裁に入ってくれた。

社長もまた、「まあまあ、部長。このへんで許してやってくださいよ。それより今後の業務をどう進めていくか、建設的に考えていきませんか？」と言う。

すると相手の会社の人たちも一様にうなずいた。全社員が死に物狂いで三カ月で開発作業をして約束した納期内に商品を納めることを約束して、その場を収めることができた。

部長は私をスケープゴートにして叱るという行為をしながら、聞く耳を持たなかったクライアントに自分が言いたいことを伝えたのだ。しかも怒鳴り続ける状況は誰の心にも好ましくない。そういった状況から脱したいと思うもの。相手先が私に判官贔屓《ほうがんびいき》的な気持ちを出したところで社長が合いの手を入れる。見事な連係プレーだったのではないか。

私自身、怒鳴られていながら、最終的に丸く収まった状況に心が落ち込むことはなかった。逆に、ひと仕事したという感覚が大きくあった。

言い訳だけでは相手の心には伝わらない。そのときの状況に最も適した〝ものの言い方〟が、そこにはあるのだ。

19 「聞かれたこと」にしか答えない

〝振り込めサギ〟と聞くと、多くの人はサギ師たちが電話をかけるやいなや、「いますぐお金が必要だ！」と語気を荒くしてまくし立ててくると思いがちである。たしかに電話をかけてすぐさまお金の話をすることもあるかもしれないが、これは成功率が低いため、いまやその手法はＮＧになっている傾向がある。いまのサギは順序立てたかたちで話を進めてくる。かつて〝オレオレ詐欺〟と呼ばれた振り込めサギでは息子のふりをして「オレだけど」と電話をかける。

「ゴホゴホ……オレだけど。風邪を引いてしまってさ」などと言ってくる。

一般にこの手を使う理由に、息子の声ではないと相手の親に見抜かれないため「風邪を引いて声が変わったことを装う」といわれる。もちろん、その意味もある。しかし、この行為にはもうひとつ理由がある。それは親の心配を引き出すためなのだ。

息子思いの親は声の違いより、まず息子の体調の悪さを心配することだろう。

「体は大丈夫かい」「病院には行っているかい」と質問する。

じつは、これ自体が「質問されたから答える」という彼らの作戦のうちなのだ。息子役の男は「熱っぽいけど、なんとか過ごしているよ。それに仕事も忙しくて……なかなか休めなくてさ。でも、明日にでも病院に行こうかなと思っているよ。それに男は「それに最近、ちょっと精神的なストレスが重なってしまってさ。それで体調が悪くなったのかもしれないなあ……」と言葉を続ける。

ストレスで病気になった……それを聞いた親はさらに心配する。

「なんだい。心配ごとがあるのかい？」

「うん、まあね……でもいいよ」

と、はぐらかされると、親としてはますます息子のことが心配になる。

「なんだい。言ってみなさいよ」

「う〜ん、どうしようかな」

「言ってみなさいよ」

「それじゃあ母さんにだけ話すよ。じつはね……困ったことがあって……」

とサギの話を切り出すのだ。その話は「投資に失敗して借金に追われている」とか、「会社のお金に手を出してしまって穴埋めをしなければならない」とか、「不倫して慰謝料を請

求されている」などというお金を騙し取るための口実である。サギ師はいきなり自分から、

「お金が必要だ」 NGワード

と本題を切り出すのではなく、相手に聞かれたから答えるというスタンスを取る。そして息子を心配する親心につけ込んでサギの話を展開するのだ。相手の性格にもよるだろうが、人の心は心配ごとを近づけると案外燃えやすくなってしまうものなのだ。

営業において、自分のペースに相手を巻き込んで立て板に水のごとく話す人がいる。もちろん次々に話を繰り出して相手の頭のなかを混乱させ、ものごとの判断がつかない状況にさせて契約の了解を取りつける手法もあるが、相手の状況を把握せずに話を進めれば、交渉は行き止まりとなってしまう可能性がきわめて高い。

顧客に金融商品を紹介しようと、

「○○社の株は上がりそうです。いまが買い時です」 NGワード

「○○社は将来性が見込める会社です。○○への投資をしてください」 NGワード

と話すだけでは、どうしても一本調子になってしまう。そこで、

「どうしてこの企業に将来性が見込めるか、わかりますでしょうか？」 OKワード

「この企業の株が上がっている理由には、あるポイントがあるんです」 OKワード

と相手が興味を持つような言葉をまず口にするのだ。これは誘導型アプローチというものので、相手に質問をさせたい気持ちを起こさせながら自分が話したいテリトリーに入るように仕向けていく手である。この話をしていくと、「株を買ってください」と言わなくても、自然に「その株は上がるの？」と質問してくる。「そうですね。今後、有望株になる可能性は高いですね」と言えば、自然に契約の話の流れになるだろう。「買ってください」を連呼しなくても、向こうからこっちの土俵にやってくるのだ。

これは、いろいろな応用ができる。会社を訪問して、

「じつは、他社さんで検討してもらっている事案がありましてね」 OKワード

と言えば、それがライバル会社であれば、どんな情報か聞きたい気持ちになるだろう。

「先日、ある企業さんに行ったときに小耳に挟んだのですが……」 OKワード

と言えば、身を乗り出して「なんだい。聞かせてくれよ」となるだろう。

この手法のいいところは相手が興味を持つ情報にスポットを当てて話を進められる点だ。興味を持っていないようであれば違う材料を提示すればいい。

「契約してください」「買ってください」と直接的な言葉は投げかけずに、相手に尋ねさせる誘導型の〝ものの言い方〟はとても効果的なのだ。

20 まず〝高い目標〟を掲げて〝低い目標〟を呑《の》ませる

実際に起きた事件である。五十代男性のもとに「あなたは過去に違法なアダルトビデオを買ったので警察に告発する」という告発通知のハガキが届いた。その送り先は女性の人権団体を装う協会である。もともと真面目なタイプの男性だったため、過去に購入した経験を思い出して、慌てて連絡先に電話をしてしまった。ここでもサギ師は、

「それでは、お金を払ってください」 NGワード

と本題には入らない。「告発されたくなければ、四十日間、海外でのボランティア活動をしてください」と言ってきたのだ。真面目な男性会社員だったため、長期間の休みなど会社に申請できるはずもない。当然、男性がそれを拒否すると、新たな提案をしてきた。

「それができないのであれば、もう二度とこのようなことはしないという反省文を書いて百五十万円を寄付してください」

悪徳業者も最初の提案ができないことがわかっているゆえ、別の提案を示してきたのだ。

この提案を呑めば告訴しないと言われて、男性は相手の指示のままに現金を郵送してし

まった。

この〝ものの言い方〟の巧みな点は、最初に「相手ができないであろう提案をする」。そして「どうすればいいのですか？」と尋ねさせたあとに「○○をしてください」と新たな提案をする。一方の提案を実現不可能なものにし、そちらを回避させるような方法を示して自分で選んだように思わせるやり方だ。要は逃げ道をつくって誘導させるのである。

子どもに「勉強しろ！」とばかり言っても暖簾《のれん》に腕押し、馬の耳に念仏である。私も塾の先生をしばらくやっていたので、それがわかる。そこで飴《あめ》を与える言葉を言ったあとに、まず無理難題を吹っかける。

「好きなものを買ってあげる。ただし今度のテストで国語、数学、英語で満点を取ったらね」。子どもは「無理だ」と言うことだろう。満点を取るのはなかなか難しい。もともと親もそんな点数を取れるとは思っていない。目的が勉強をさせるところにあるとすれば、次に条件の低い、

「毎日最低二時間は勉強すること。それを一カ月守れば買ってあげる」 **OKワード**

と言えば机に向かうだろう。二時間が無理であれば、子どもの状況を見て分単位で勉強時間を減らして提案するのもいいかもしれない。

ノルマの命令を部下たちに受け入れさせるには「今回の目標を達成したら金一封が出る。それもかなりの額だ。ただし目標は○○だ」。しかし、この目標はこれまで達成したこともない高い数字で、とても現実的ではない。「かなり難しいです」と社員たちから不満が出るだろう。

不満を口にさせるのも手だ。無理な提案をしたうえで、

「では、君はどれくらいならできると思うのか？」 OKワード

と尋ね、「○○くらいならできそうです」と精いっぱいできる目標を相手に口にさせる。

「よし！　それを達成しなさい」 OKワード

と現実的な目標に邁進《まいしん》させる。逃げ道をつくってやって、そこに誘導する〝ものの言い方〟である。

21「あなたのためを思って」という罠《わな》

マジックを見ているとおもしろい。私たちの予想を上回る驚きを提供してくれるからだ。たとえばトランプカードのなかから相手にハートのエースを引かせておいて、そのカードを再び五十一枚のカードのなかに投げ込む。そして交ぜて「正解はこれでしょうか？」と、わざと違うキングのカードを見せる。

「いいえ」

それを見た人は首を横に振る。

「えっ、違う？」

さもマジシャンは失敗したかのようにふるまいながら、「それでは私のポケットからカードを取り出してください」と言う。お客さんがそのポケットを探ると一枚のカードが出てくる。それを見ると、なんとハートのエースだった。

失敗しているようで、じつは成功していたのだ。当たるだろうと思っていたのにはずれた。はずれたと思えば当たっている。

予想を裏切るかたちの展開は人の心を引きつけるもの。想定する答えから離れれば離れるほど相手の心は引きつけられてしまう。

たいがいの業者は百万円近くもする商品を前にして、お客さんが「とても買えませんよ」と断ると、

「そこをなんとか、そこをなんとか買っていただけませんか？」　NGワード

という言葉を連呼することだろう。しかし、相手はこういった言葉で押されれば押されるほど引いていく。結局、契約は破談となる。この〝ものの言い方〟はさほど効果がない。

それに対して、悪徳商法はどうするのか。契約を断って立ち上がる私に、勧誘女性は次のように言ってきた。

「買えないですって？　何を、ひとりでものごとの判断をして、殻に閉じこもっているんですか！　本音で話してくださいよ！」と怒鳴り出す。

あるときには「それくらいの金額の契約に対して決断もできない男って最低ですね！　決断力のない人はこれから成功しませんよ。あなたは一生ウジウジしたまま、大成しない人生のままで終わりますね！　それでいいんですか！」

と、いきなり怒鳴ってくるのだ。まるで商品を買えない私が悪いと言わんばかりの口調

で迫ってくる。はっきり言って頭に来る。

私は反論してやろうと思い、多くの場合、座り直して相手をにらみつける。しかし、そこは相手が一歩も二歩も上手《うわて》だ。

一転、勧誘女性の目が慈愛に満ちたものに変わる。

「先ほどは厳しいことを言ってすみませんでした。というのも、これはあなたのことを本当に心配しているから出てきた言葉なんです。これだけあなたのことを思ってものを言ってくれた人は、これまでいましたか？」 OKワード
つまり、あなたへの愛情がほとばしったがゆえに出た言葉だと、女性はやさしく話してくるのだ。ツンデレ。とくにこれは異性から言われると効き目がある〝ものの言い方〟になる。

こういった話し方をされると感情が大きく揺さぶられるものだ。

「なんだよ」「ちくしょう」と心を熱くさせたら水をかける。「困ったな」「心配だな」と心が冷たくなっていたら温かくさせる。まったく正反対のことを口にして相手を納得させるのだ。

こういった問答は禅の世界でもよく見られる。

仙厓義梵《せんがいぎぼん》禅師は檀家《だんか》に床《とこ》の間《ま》に飾るめでたい言葉を書いた掛け軸が欲しいと言われた。そこで次のように書いた。

「祖死父死子死孫死」

書をもらった檀家さんは「死という言葉が連なっていて縁起が悪い」とクレームを言った。しかし、仙厓禅師はそれに対してこう答える。

「いいですか。考えてみなさい。まずおじいさんが死んで、次にお父さん、次に子ども、そして孫がといったように順番に死んでいくことはありがたいことなのだ。この順番が違えて子どもが親より先に死んでしまえば深い悲しみに襲われる。この順番どおりに進むことこそがめでたいことなのだ」

つまり相手の想定を超えた裏の言葉で応答したところに引きつけるものがあるのだ。

仕事においても、部下の仕事の失敗で落ち込んでいたら、逆に、

「よかったな」 OKワード

と言うのも同じだろう。「これからは這《は》い上がるしかないじゃないか、これ以上、下がることはない」と言うこともある。予想を超えた裏の言葉を効果的に使えれば、相手の心は大きく跳ねてくるものなのだ。

22 自分の都合を〝既成事実〟として話す

二〇二〇年東京オリンピック・パラリンピックの開催が決定したころに五輪の入場券が手に入るというサギが横行した。大手の旅行代理店を騙《かた》り、消費者宅に「入場券を買いませんか？」というパンフレットを送って電話をかける。そして今度は「その入場券は稀少なので高値で買いたい」という旅行会社を騙って電話をかけ、お客さんに「購入すれば儲《もう》かる」と思わせて架空の入場券の申し込みをさせ、お金を騙し取っていた。

しかし、この手口は多くの人に知られるところとなり、サギ師にとってやりづらくなってきた。売り手と買い手から電話をかけるという手間もかかる。ゆえに、この手法はNGとなりつつある。最近は次のような手が使われる。

「こちらオリンピック財団ですが、このたび、入場券のご購入ありがとうございました」

「いいえ、買っていませんが」と消費者が答えると、

「えっ⁉　三百万円分の申し込みがございます」

「私は申し込んでいませんよ」

「そ、そうですか。であれば、誰かがあなたの名前、住所、電話番号を使って勝手に申し込みをしたんですね。警察に通報しておきます」

そのあとに警察官を騙る人物から電話があり、

「あなたの個人情報が名簿業者やネットなどに広く漏れていて、サギ集団に悪用されているようです。こちらでも捜査を進めますが、弁護士にご相談されたほうがよろしいかと思います」

そのあとに弁護士から電話がかかり、個人情報の削除費用などの名目でお金を騙し取られる方向で話が進んでいく。つまり、ここでは「あなたは買っています」という既成の事実をつくってから話をするのだ。

デパートを騙る振り込めサギでも同様だ。高齢者宅に「ブランドバッグのご購入、ありがとうございます」と電話をかける。

「いいえ、買ってないですよ」

すると「あなたのカードが不正使用されているようですね」と言い、「すぐにカードを変えてください」と言うのだ。

不正にカードが使われている事実を提示されるがゆえに、「はい」としか言えなくなる。

そして、そのあとに銀行協会を名乗る人物が家を訪れて、カード変更の名目で手持ちのカードを騙し取っていくのだ。ここでも「商品を購入している」という既成の事実をつくり、そこから話を展開している。サギではウソの事実をつくりあげるが、仕事においてもこの既成事実をつくって話すやり方はよく見られる。

パンフレットなどをつくるためにクライアント先の会社に借りていた写真を社内で処分してしまった。半年ほどたってから、それを取引先に返してほしいと言われた。

「すみません。誤って処分してしまいました」 NGワード

などと、そのままの事実を伝えたとすれば、賠償責任うんぬんの話にもなりかねない。社内では大変な騒ぎになった。

「社長、捨ててしまいましたよ。先方から『返せ、返せ』の電話が入ってきています。捨ててしまったとは言えませんし、どうしましょう」

社長は「オレに任せろ」と言う。社長は取引先の電話に落ち着いた様子で、

「御社から返却の依頼がなかったので、社内の規定により処分しました。保管期間は六カ月となっています。これは当社の決まりです」 OKワード

と言って押し切ってしまったのだ。

似たような〃ものの言い方〃をしていると思ったのは、学校法人への国有地払い下げ問題での国会の質疑シーンだった。前代未聞の八億円という異例の値引きがされて学校法人側に販売されたことに対して、国会議員は財務省の官僚に質問した。

「売買記録の資料はないのですか」

そう問われた財務省側は「契約を締結したので廃棄しました」と答える。

「なぜ廃棄したのか」を尋ねられると、「面会などの交渉記録については内規に明記されていなかったため、保存期間を一年未満の扱いと判断し、契約したあと、すぐに記録を処分しました」などと答えていた。

これはうまい逃げ方なのだ。「軽微な文書と判断したので、一年未満に処分していいことになっていると判断した」という言葉を打ち込み、〃廃棄した〃という事実を前面に押し出した。さらに議員からツッコまれても、「これは財務省の慣例となっています」ということを口にする。こうなると相手はそれ以上ツッコむことはできなくなる。

規定だけでなく、「自分のポリシーでは」と言って自分の考えを押しとおすこともできる。

「決まりごとです」 OKワード

と言い切られてしまうと、相手は二の句が継げなくなるのだ。

第4章

「都合のいい答えを引き出す」ものの言い方

23 ポジティブな質問で本音を引き出す

テレビ局に「どなたか、キャッチセールスの被害にあった方を知りませんか？」と尋ねられた。そのとき、ある男性の顔が思い浮かんだ。悪徳商法に長年携わっていると、どんな人が狙われやすいのかが、なんとなくわかってくる。

そこで、その男性に会ったときに尋ねた。

「君は過去にキャッチセールスで騙されたことはないかな？」 NGワード

しかし、男性は首を横に振る。

「ないよ」

男性はたいがいプライドが高く、自分が騙されたことを口にしない傾向がある。ストレートに尋ねても簡単には口を割らないものだ。この言葉はＮＧワードだったのである。

そこで私は違った角度から質問をしてみた。

「これまでに、いちばん高い買い物をしたものは、いくらくらいなの？」 OKワード

すると男性は「そうだな、五十万円くらいかな」と答える。

「それは、いつごろのこと？」

「二十歳を過ぎたころだったかな」

ずいぶん若いのに、そんな高額なものを買うとは、もしかして……という思いがよぎる。

「どんなきっかけで買ったの？」

「それは地方から東京に出てきたときに買ったんだ」

「もしかして、道で声をかけられたのかな？」

「そうだよ。きれいな女の人に誘われて」

ここで私は過去に起きた悪徳勧誘のトークを交えて話してみた。

「そのとき、『一生に一度しか出会えないのが絵画です。この絵はあなたに出会えるのを待っていた』とか、『この絵を買うのが運命だ』とかいった話をされていない？」

「えっ、うん」

「それって、よく使われる騙しの手口じゃないかな？」

「……そうかも」と小さくうなずいた。

さらに「次に高い買い物は何かな？」と尋ねた。

「う〜ん、印鑑かな」

「いくらくらいだった？」

「十万円だよ」

どんどん話をつめていくと、さらに霊感商法でものを買わされていたことがわかったので、すぐにテレビ局のスタッフに彼を紹介した。

じつは彼の心のなかでは絵も印鑑も「騙されて買ったわけではない」と思い込もうとしていたため、「被害」を口にしなかっただけなのである。

このように、心の底では「騙されたかも」思いながらも、その気持ちを封印している人は多い。それゆえに質問の方向を変えて、〝騙された〟というかたちではなく、〝ものを買った〟というかたちにするのがいいのである。

ここからわかるように、否定的に尋ねるのではなく、できるだけポジティブな聞き方にすることで相手は本音を口にする。ネガティブな質問には答えにくくても、その逆の質問には答えやすいものだ。

たとえば、客先を訪れて相手の会社の状況を知ろうと思い、

「御社が抱えている問題はなんですか？」 NGワード
と、いきなり聞いても、相手は答えづらいもの。そこでまず、

「御社の強みはなんでしょうか？」 OKワード

とポジティブな質問から入る。それによって相手は質問に答えやすくなるはずだ。当然、相手の強みを知れば、おのずとその対極にある弱みを知ることができる。

また、「この不景気なのに、御社の売上は上がっているようですね」と尋ねれば、相手は謙遜して「いやいや、まだまだだよ」と自社のマイナス部分を話してくるに違いない。ポジティブな質問こそ相手の胸襟を開かせることにつながる。

サギ師や悪徳業者は、なるべく自分たちの悪事が外に漏れないように努めてくる。多くの被害者は彼らの巧みな〝ものの言い方〟によって心に栓をされている状態になっていることがある。そのコルクの栓を取るためには、相手の心を傷つけないようなポジティブな〝ものの言い方〟が必要になってくる。

24 ネガティブな話題で相手の興味を引く

巷《ちまた》にはさまざまなサイドビジネスが横行している。私のもとに補正下着を販売する会社から「男性の社長を育成しています。不況のなか、多くの方々が参加されて成功しています」という連絡をもらったので説明会に参加してみた。

女性たちが理想の体形を求めて、こぞってこの下着を購入しており、話題のビジネスだという。

成功者のひとりである男性は、こう話す。

「この仕事はすばらしい。現在、私は月に数百万円を売り上げています。以前は学校の先生をしていましたが、辞めてよかった」

次に登壇した女性はこのビジネスの責任者のひとりのようで、

「このビジネスは、在庫がなく、資本金なしで始められる仕事です。売上に応じてお金をもらうので、絶対に収支がマイナスになることはありません。私はこのビジネスを始めてマンションを買い、ベンツを二台持つようになりました！」

と力強く語る。

「あなたも労働者からビジネスオーナーになりましょう！」

会場は拍手喝采。熱気に包まれていく。しかし、私はこの熱気に飲まれずに家に帰った。というのも、いい話ばかりで、いまひとつ信憑性《しんぴょうせい》に欠けていたからだ。〝うまい儲け話しの裏には必ずリスクあり〟のはずだからだ。

あとでもらった資料をくわしく読んでわかったのは、販売員になるには四十万円分の下着を買わなければならず、販売ノルマが一カ月で約二百万円以上も課せられていた。会場では話されなかったことである。

もちろん儲かる話だけを聞いて資料をよく読まずに申し込む人もいるだろう。しかし、私のように数多くの勧誘に触れてきている人であれば、この程度の「儲かります」「お金持ちになれます」というういい話ばかり聞いても心は動かないものだ。

そのときはダメな話を持ちかけてみる。

悪徳リフォーム業者の手口も同様だ。

家の点検をしながら「柱が腐っている」などというダメな情報を提供して家人の不安をかき立て、工事の契約を迫ってくる手口だ。

このように、時と場合によっては前向きないい言葉よりネガティブな情報のほうが契約において有効になる。

客先でちょっとクセのある相手と話したとき、

「今日は暖かいですね」 NGワード

「株価が上昇していますね」 NGワード

というありきたりの話題を出しても、「それがどうした」という気難しい顔をされて話が盛り上がらないこともあるだろう。

そんなときには、

「小耳に挟んだんですが」

「なんだ」

「あのA社はこの先、ダメですね」 OKワード

と切り出してみる。

A社とは競合状態にあるため、ふんぞり返っていた相手も「どうしてだ」と前向きに話を聞いてくるだろう。

「お客さんの都合を考えない強引な営業をしていて、クレームがたくさん上がってきてい

ます。いま、かなり評判を落としていますよ」 OKワード

「ほう」

あるいは、

「御社と取引のあるA社は、かなりまずいようですよ」 OKワード

と言えば、相手は、

「何があった？」

とグイッと身を乗り出すに違いない。

「資金繰りにかなり苦しんでいて、財務状況がまずいようです」

と答えれば、相手の興味と関心を完全にこちら側に引き寄せられる。ありきたりな話では動かない相手は、ダメな情報を添えることで心のツボを刺激することができるのだ。

25 ネガティブな想定でプレッシャーを与える

ネガティブな情報には、もうひとつの活用方法がある。

霊感商法を見てみよう。彼らはこういった情報を最大限に利用する。

偽霊能師は占いや家系図を見ながら「あなたには悪さをした先祖がいますので、悪い因縁がありますね」と言う。

相手は「どんな因縁ですか？」と尋ねてくる。

そこで「お金がたまらず、苦労するのは、先祖にお金で人を困らせた人がいるからです」などと言って不安を煽《あお》り、最終的には「とりつかれた悪い霊を祓《はら》いましょう」と言って供養などの名目でお金を出させる。

いわゆるネガティブ・シンキングをさせながらお金を出させるわけだが、霊感商法ではさらにネガティブを重ねてくる。

供養の名目でお金を出したことを周囲に知られれば、自分たちの霊を用いたウソの話がバレる恐れもある。

そこで次のように話を切り出す。

「いいことのあとには魔が入りやすいものです。『好事魔多し』という言葉はご存じですか？　『好事魔多し』の諺のとおり、この二週間は悪霊が入らないようにするため、お祓いをしたという好事は誰にも話さないようにしてください」

　これは、周囲に悪事がバレるのを阻止するための文言である。つまり霊の恐怖を使って「〇〇してはいけませんよ」とプレッシャーをかけるのだ。

　この手の霊感商法では禁止事項を破ると「事故にあう」「病気になる」などと脅してくることもある。「してはいけない」「ダメだ」という言葉で相手にプレッシャーを与えられるのだ。

　スポーツでも敗因を尋ねられたアスリートが「守りに入ってしまい、負けてしまった」という答え方をするが、「失敗してはいけない」と思いすぎると体が硬くなり、勝負に負けてしまうことがある。

　悪徳商法では「〇〇するな」という否定的な言葉を与え続けることでプレッシャー効果を醸し出し、口を閉ざさせるように仕向けるわけだ。相手の気持ちを抑え込む。柔道でいえば相手を寝技で抑え込むようなものかもしれない。巴投《ともえな》げや一本背負いのような派手さはないが、勝負を決する大きな力を持つ。

会社などの利益を生み出さなければならない組織運営においては、社員にハッパをかけて実績を出させようとすることもある。そのとき、

「がんばれよ！」 NGワード

「おまえならできる！」 NGワード

といったポジティブな言葉だけで激励しても、その言葉に相手が慣れてしまえば、たいした効果は出ないだろう。そのときは、

「がんばらなかったら、どうなるのか」 OKワード

「ダメだったときには、どんな結果になるのか」 OKワード

というネガティブ情報を教えながらプレッシャーをかけると効果は絶大になる。

「目標を達成できなかったら、いまの部署はなくなり、おまえは地方に飛ばされる可能性が高くなる。必ず売上目標は達成しろよ」

少人数の会社であれば「おまえが営業をがんばってくれなければ会社はつぶれる。できなかったとは言わないでくれ」と言う。

先日、大学生同士の会話が聞こえてきた。

何やら明日の朝一番でテニスをするので部室のカギを先輩に渡されたと、ひとりの男性が話している。

それを聞いていた友だちは「おまえ、その部室の鍵をなくすなよ。なくしたら先輩がぶちキレるぞ」。もうひとりの友だちが「先輩はキレやすいから、ただじゃすまないぞ」と連呼する。それを聞いた鍵を預けられた男性は、もはやテニスの楽しさより、鍵をなくすことへの恐怖にしか思いが行かない様子だった。

「プレッシャーだ。怖《こ》ええ」

おそらく鍵のことで夜も眠れなくなるだろうが、これだけ鍵のことに集中させれば、それをなくすという行為はまずないだろう。

受験勉強などでも、心が贅沢《ぜいたく》に流れれば目標とする大学に落ちて自分の夢が実現できなくなる。そこで学習に専念するために〝恋愛禁止〟〝ゲーム禁止〟を掲げる。自分自身にプレッシャーをかけて、やる気を出させて勉強に邁進させる。つまり自分の視野を狭くさせて、ものごとの目標への集中を促す。

ポジティブ・シンキングはよくいわれるところだが、ネガティブ・シンキングも使い方によっては案外うまみのある結果を出すことができるのだ。

26 「怒り」が「愛のムチ」に変わる一言

私がキャッチセールスなどに誘われて販売会場に引き入れられると、業者は購入に対してうなずくまで帰そうとはしない。

電話勧誘で呼び出された金融商品販売の業者もそうだった。最初にかかってきた電話では、まず資産を尋ねて、それなりにお金を持っているとわかると、

「私どもは金や銀、そしてコーヒーや穀物などの商品を扱う会社です」

「一口六万円から始められますので手軽に行えます」

と丁寧に紳士的な口調で説明してきた。

近所のお店で会ってみると、身なりのしっかりしたスーツ姿の男性だった。しかし、話が始まると、

「うちは国の認可を受けた信頼の置ける先物取引会社です。ぜひビジネスパートナーとしてお選びください」

「まずは委託証拠金として五十万円を当社の口座に入れていただきます」

「いまはコーヒー豆が歴史的な低価格になっており、買い時になっています！　いまこそ口座を開いて取引を始めるべきです！」

と矢継ぎ早に金融商品の話をしてくる。男はひととおりの説明を終えると「それじゃあ、さっそく口座を開いてやってみましょう」と言う。しかし、私が「とりあえず家に帰ってから少し考えますよ」と言っても、「わからないことあれば、いま、ここで聞いてください」と、すぐにこの場で契約をするか否かの意思決定を迫ってきた。

急に質問がないかと言われても、すぐには出てこないもの。

「う～ん」とうなると、男は強気で、

「質問がないということは、話を理解していただいたということですね」 NGワード

と言ってくる始末。最終的には「金融商品への十分なリスク説明がない」ことを盾に契約しないことを告げると、相手の態度が一変し、紳士的な態度はいっさい消えていた。

「オレにここまで足を運ばせてムダ話をさせやがって」と足を組んでふんぞり返る。そして、怒りに満ちた表情で、

「おまえはタダでコーヒー飲みに来やがったのか！」 NGワード

と恫喝してきた。ものすごく強引な勧誘だった。気の弱い人であれば、おそらくこの手

の脅し文句に屈してしまうかもしれないが、私はこの手の恫喝によく遭遇するので、対処法は心得ている。怒りには怒りで対応する。
「なんだ、そのものの言い方は！」と私も大きな声を出した。さすがに相手も脅しは通じないと思ったのだろう。契約交渉は決裂した。
業者のこの強気な恫喝口調は現代においては失敗のもとである。というのも、いまは消費者保護行政が以前に比べて行き届いており、悪徳業者への警戒の目が厳しくなっている。この手法を多用すれば、その行為はお上《かみ》に知られることになり、すぐに行政処分が出されて悪事が白日のもとにさらされてしまうことになる。となれば、当然その業者は〝悪徳、サギ的〟のラベルを貼られて今後の営業活動に大きな足かせになってしまうからだ。
強い口調での〝ものの言い方〟は相手の心にダイレクトに伝わるものがある。しかし、強いボールを投げれば球が強く跳ね返ってくるのが世の常だ。つまり反発力が生まれてしまうわけである。
「なんだ、この仕事のしかたは！」 NGワード
「この報告書はなってないぞ！」 NGワード
と部下を頭ごなしに注意したとする。部下は「はい」「はい」と返事をしながら、心の底

では「こんちくしょう！」と腹を立てて上司の足をすくう悪だくみを考えるかもしれない。ときにはダイレクトな言葉でミスを指摘することも必要かもしれないが、毎回それでは恨みを買うばかりで芸がない。

それを軽減させるためには親切心や思いやりをプラスした一言がカギになる。部下をストレートに叱る前に、

「いつもがんばっているな」 OKワード

という言葉に続いて、「しかし、なってないぞ！　月はじめに決めた営業目標に全然達していない」と注意をする。「なんだ、今回のミスは！　なんとかなったものの、こじれていたら会社は大損するところだったぞ！　すばやいホウレンソウ（報告、連絡、相談）を心がけろ！」と叱咤《しった》したあとに、

「おまえはこれまでこんな凡ミスしなかったはずだ。これからは気をつけろよ。おまえには大いに期待しているからな」 OKワード

という一言を添える。そうすると期待感からの叱りの言葉に聞こえてくるはずだ。相手の心の棘《とげ》を取ってやるような〝おまけ言葉〟をプラスしてやることで、その後の状況は一変することだろう。

27 「一存では決められない」で相手を板挟みにする

メールやSMS（電話番号を宛先に送れるショートメール）でやってくる架空請求。業者の〝ものの言い方〟は案外参考になる。私のところにやってきた「退会処理並びに滞納通知書」と題するメールには次のように書かれていた。本文が長いので、一部を抜粋して紹介しておきたい。

〈現在お客様においては、情報サイト（占い番組・懸賞サイト・アダルトコンテンツ等含む）に登録をされ、二週間の無料期間中に退会処理を行わなかったために、サイト継続の利用意思があるとみなされ、月額の情報サイトの利用料金、並びにサポート費用等が発生し、それが未払いの状態になっており滞納金として【1,127,500円】をお支払しなければいけない状態になっております。(中略)万が一放置されましたら、民事訴訟並びに刑事告訴を運営元が行いますので必ずご連絡頂けますようお願いします〉

身に覚えのないこの手の請求は基本的に無視するにかぎるが、電話をかけた場合、サギ師はどんな話術でお金を払わせようとしてくるのだろうか。

「こちらは料金回収業者です。以前にあなたが○○サイトを見た記録がこちらに残っています。その料金が支払われていませんのでお支払いください」 NGワード

ひと昔前の架空請求業者なら、このような〝ものの言い方〟でしつこく迫ってきた。しかし、この単調な〝ものの言い方〟では一方的に請求を押しつけているだけで、相手を説得できる力があまりない。そのことを悪徳業者たちもわかったのだろう。いまやＮＧワードになっている。

最近は質問や立場など二つに分けながら迫ってくる。

私は架空請求メール先に書いてある電話番号にかけてみた。すると業者の男は「あなたには百万円の未納料金があると運営会社が言っています」と話す。

つまり悪徳業者は、自分たちはあくまでも運営会社に依頼されて料金収集をする仲介会社というスタンスを取ってくる。そして「ですが、急にそんなには払えないでしょう」という心づかいをしているような言葉を語ったあとに、「今日中にお金を払う約束をしてくれれば、運営会社と交渉して十万円に減額できるようにがんばります」と言ってくる。

つまり料金未納の催促をする運営本体と回収業者のあいだに私を入れて板挟みにしてきたのである。

この話法をビジネスに当てはめると、見積もり交渉でこちらが百二十万円の見積もりを出したが、相手の会社は「予算が百万円しか出せない」と言う。

「そこをなんとかお願いします」 NGワード

「いや、ダメだ」

こんな一本調子の交渉では袋小路《ふくろこうじ》に入ってしまうだろう。そこで自分を上司と相手の業者のあいだに入れてサンドイッチにする。

「百万円ですか。私の一存では決められませんので再度、上にかけ合ってみます。ですが百二十万円でなければ仕事は受けないと上司が強気に出ていまして。もう少し上積みしていただき、上司を説得できる材料をいただけないでしょうか？」 OKワード

サンドイッチにして一気に交渉自体を食べてしまう方法である。

28　相手の手口を逆手に取った聞き方をする

ここまではサギ師たちの〝ものの言い方〟の失敗を見てきたが、案外、高齢の親を見守る側が陥りやすい失敗の〝ものの言い方〟もある。少し観点を変えて、それを見てみたい。

ひとり暮らしの高齢者の親元を久しぶりに訪れて、家族や親族が奥の押し入れのふすまを開けてみると……何枚もの高級布団や高そうな健康食品が入っている。戸棚からは高額な契約書や領収書のたぐいの紙が次々に出てくる。「なんなの？　これ」と家族が高齢者を問いただすも、「はて、どこの業者さんだったかな？」と忘れてしまっている様子である。

「もう！　このあいだ、おかしな人は家に来ていないと言ってたじゃないの！」

いま、高齢者の家にはさまざまな悪徳業者がやってくる。しかし、いくら高齢の親を責めてもしかたない。というのも、サギ師や悪徳業者はいつも私たちの行動の先を読んでアクションを起こしてくるからだ。おそらく高齢者を見守り、勧誘被害を防ぐために、家族は次のように尋ねるに違いない。

「最近、怪しい人は来なかった？」　NGワード

「不審な電話が来なかった？」 NGワード

しかし、これではサギ師や悪徳業者の思うツボの尋ね方なのである。

というのも、サギ師や悪徳業者の側は子どもたちに警戒されて、そのように聞かれることがわかっている。ゆえに怪しさを微塵《みじん》も感じさせないような言葉を口にする。

ある悪質なリフォーム業者は「近くで工事をしています。ご迷惑をおかけします」と粗品を渡し、親切心からだといわんばかりに「家の周囲を拝見したところ、ちょっと不具合が出てきているようですね」と切り出し、次には専門家をアピールしつつ、「よろしければ、無料でくわしく見てさしあげましょうか？」と助言してくる。

高齢者がそれにうなずくと、屋根裏や床下を見たりする。そして点検が終わったあと、業者は「かなり状態がひどいので工事をする必要がありますね」と言う。突然の工事話にとまどう相手に業者はやさしく語りかける。

「簡易的な工事で大丈夫だと思います。本来三万円のところ、一万円でやってあげますよ」

「お願いします」

しかし、相手は悪徳業者である。これで話が終わるはずはなく、実際に工事をしたあとに、「やはり直りませんでしたので、本格的な工事が必要です」と高額なリフォームに誘ってくるのだ。ここでは悪徳業者はやさしく親切に相手の心に寄り添ってやってくる。なかにはその演出をするために部屋や庭の掃除をする者もいる。すべては高額契約をするための信頼関係づくりなのだが、それが高齢者には見抜けない。

思い出してほしい。一九八〇年代に豊田《とよた》商事によるサギ事件が起きた。この業者は高齢者と金《きん》の購入や運用の契約を結ぶが、お客さんには金を渡さず、その代わりに預かり証を渡していた。そのためペーパー商法と呼ばれた。実際にはこの会社はほとんど金の保有はしておらず、運用実態もなかったため、多くの被害者が出ることになった。この業者の営業マンらは言葉巧みに「金を買えば儲けられる」と話すだけでなく、高齢者宅を訪れては孫のようにふるまいながら、高齢者に尽くすなどの行為をして契約させていた。つまりサギ師や業者は善人の衣をまとって悪者に見えない姿でやってくるのだ。それゆえ、サギ師や悪徳業者が高齢者宅に近づいていないかを知るために、次のように尋ねる必要がある。

「最近、親切な人が訪ねてこなかった？」 **OKワード**

二〇一五年にマイナンバー詐欺が横行した。役所の人間を装い、高齢者の家々を回りながら、「マイナンバーは届いていますか？」と尋ねる。

届いていても、いなくても、どちらでもいい。サギ師は「マイナンバーとは一人ひとりにつけられた背番号みたいなもので、今後の役所の手続きには欠かせないものです」と丁寧に説明する。そして「役所に出向いてマイナンバーカードを発行するなどの面倒な手続きがありますが、こちらで代行いたします」と言って手数料名目でお金を騙し取るのだ。おそらく高齢者の多くは親切に説明する彼らの姿に不審な思いなど抱かなかったに違いない。

そこで高齢者のもとを訪れた不審者を見抜くには、相手の気持ちに寄り添って質問することが大事になる。「丁寧にものを教えてくれる人はいなかった？」と。

いわゆる相手の心に寄り添うかたちでの尋ね方を工夫《くふう》してみるのだ。

「なぜ仕事は失敗したんだ！　理由を言ってみろ」 NGワード

とミスをした部下を頭ごなしに責めるだけでは満足のいく答えは出てこないだろう。

「成功できなかった原因はどこかにあるはずだ。それがどこにあるのか、一緒に考えてみようか」 OKワード

と言ったほうがいい。というのも、失敗していちばん落ち込んでいるのは当の本人である。それなのに頭ごなしに叱っても思考は固まるばかりだ。それより尋ねられる相手の立場に立って聞くほうが失敗の原因を考えさせる近道になるはずだからだ。尋ね方の工夫こそ、人心掌握の第一歩となる。

第5章

「さりげなく優位に立つ」ものの言い方

29 話の〝起点〟を意識させて相手を動かす

二〇一六年度は還付金サギの被害が急増した。これは「医療費の還付があります」などと言ってＡＴＭの前に呼び出し、携帯電話で指示して機械を操作させ、逆にお金を騙し取る手段だ。このサギにあうのは、たいがい日ごろＡＴＭを使い慣れていない人だ。役所を騙った人物が電話をかけてくる。

「あなたは医療保険料金を払いすぎています。お金を戻すための書類を送っていますが、手続きはお済みでしょうか？」

無論、そんな書類は送られていないし、手続き話自体がウソである。当然、相手は「いいえ」と答えるだろう。すると役所を騙った人間は一気に畳みかける。

「今日が手続き終了日ですよ。いますぐ手続きしてください。そうしないと十万円が戻りませんよ」

「どうすればいいんですか？」

「いまからＡＴＭで手続きすればギリギリ間に合いますので、〇〇スーパーのＡＴＭに向かってください」と指示する。じつは、すでに電話をかけた相手の住所は知られており、その近くの警戒が手薄なATMにキャッシュカードを入れるように誘導されることになる。

ATMでは〝振り込み〟のボタンを勘違いさせる手が使われる。本来、ATMの〝振り込み〟のボタンは相手にお金を振り込むときに使うものだが、サギ師はそのボタンを「あなたにお金を振り込むボタン」だと思わせて操作させる。つまり「十万円を振り込みますので、〝振り込み〟ボタンを押してください」と言葉の持つ意味を逆にして騙すのだ。

次のようなトラブルに遭遇したことはないだろうか。会社勤めをしていたころ、私は部長とともに訪問先に向かっていた。部長は以前行ったことがある訪問先だから「オレに任せろ」と言う。しかし、もともと方向オンチの部長である。駅を降りたはいいが、道を間違えて訪問先の会社に着かない。そこで、いったん来た道を戻り、駅のほうに向かって歩いた。そこで道すがら、私は訪問先までの道のりを尋ねようと電話をした。

「すみません。いま駅の南口を降りて歩いているんですが、目の前に郵便局があり、そこが交差点になっています。どちらに曲がればよろしいでしょうか？」

話を受けた女性は、

「それでは右のほうに曲がっていただくと、まもなく当社が見えてまいります」

「ありがとうございます！」

そこで郵便局を右に曲がるが、まったく訪問先は見えない。完全に道に迷ってしまった。

「どうなっているんだ！」と言う部長の額には血管が浮いている。

訪問の時間に遅れるわ、部長は不機嫌になるわで冷や汗の時間を過ごした。このような経験は誰にでもあるに違いない。なぜ道に迷ったのか。それは電話を受けた女性は駅から私たちが歩いてきていると思い、駅を背にして右に曲がるように言ってきたのだが、実際には私たちは駅に向かって右に曲がってしまったのだ。つまり訪問先に行くには本来、左に曲がらなければならない。ものごとを説明するときは軸をはっきりさせて話すようにしないと、大きな間違いを犯してしまう。

「郵便局を右に曲がってください」 NGワード

ではなく、起点や軸を入れてやる。

「駅を背にして歩き、郵便局を右に曲がってください」 OKワード

これが正しいのだ。還付金サギではATMを使い慣れていない人に意図的に「振り込み」の解釈を逆にして、「あなたに振り込むボタンだ」とウソをついてお金を騙し取る。どこを軸にするかで、その言葉の意味はまったく変わってくる。そこを突いた巧妙な罠なのだ。

30 「あいづち」を打たない答えで主導権を握る

冬の真っただなかに悪徳業者から電話がかかってくる。相手はまず、ご機嫌伺いを兼ねた天気の話から入ってきた。

「今日は何やら雪が降りそうな雲行きですね」

「そうですね」 NGワード

おそらく電話を受けた人は窓からどんよりした空を見ながら相手に合わせた返事をするに違いない。

「寒さが厳しくなると、外に出るのも億劫《おっくう》になりますよね」

「ええ」 NGワード

「こういった気候だと、お体の悪い部分がひどくなりがちですが、大丈夫ですか？」

「そうなんですよ。このところ、いつも以上に膝が痛くなって困っているんですよ」

業者は電話で言葉巧みに相手の病気の事情を聞き出す。

これは〝イエスセット〟などとも呼ばれるが、相手から肯定的な返事を引き出しながら相手の事情を探ろうとする手だ。

人は「はい」という肯定的な言葉を繰り返すと、「いいえ」という否定的な言葉を言いづらくなる。

そして断りづらい状況をつくったうえで「訪問させてもらえませんか？」「健康商品を買いませんか？」と誘ってくるのだ。

このテクニックは〝人のいい〟人が引っかかってしまいがちである。

私はこういった相手の手口がよくわかっている。ゆえに、その誘導質問には乗らないように心がけている。

「寒いですね」と尋ねられれば「そうですかね。いま部屋のなかなので暖かいですよ」と答える。たしかに外にいれば寒いけれども、部屋のなかは暖かい。つまり立場を変えて答えるのだ。

「いま、おいくつですか？」

「五十歳です」

「それにしてはお若い声ですね」

「いえ、たんに声のトーンが高いだけです。もう見た目はおじさんです」 **OKワード**

こういった相手の意図した答えをはずすような言動を続けていると、業者は私がひと筋縄ではいかない面倒な客だと思って電話を切ってしまう。つまり「外は寒い」の問いに対して「家のなかは暖かい」と切り返すことで、私は悪徳業者の勧誘を断ったのだ。

私は勧誘撃退という切り返しに使ったが、立場を入れ替えた〝ものの言い方〟はあらゆる場面で使えるものだ。

12ページのダイビング勧誘では、勧誘者はお客さんを会場に連れ込むと、

「人生を楽しむためには趣味を多く持ったほうがいいですね」

という勧誘者の目線だけで話してきたが、

「若輩者の私が言うのもおこがましいですが」 OKワード

といったお客さんの目線からも話すべきだった。そして、

「ダイビングを長くしてきた経験から言えるのは、本当に海の美しさ、生き物たちの感動に触れられるマリンスポーツです。ダイビングという趣味を持つのも人生を豊かにするひとつの方法だと私は考えています」

と説得するときにはマリンスポーツをしてきた経験者の目線に変えて話す。

とくに、いまの時代は商品を販売する側の目線ではなく、商品を買う顧客目線での対応

も大事といわれる。

「○○機能を付加しました。いい商品に改良しましたので必ず売れます」 NGワード

という販売側のアプローチだけではなく、

「従来の商品には、これまで○○という部分がとても使いづらいという声が多く寄せられていました」 OKワード

という利用者側の立場から話をする。そのうえで、

「その声を反映して改良し、よりよい商品にしました。○○という部分は当社としても自信を持っておすすめできます。これなら間違いなく反響があると思います」

言葉をシーソーの両端に乗せて立場を入れ替えながら話すことで説得力が生まれてくるのだ。

31 具体的な話にズームインして説得力を高める

在宅での仕事を紹介してくれるという業者の男性から電話がかかってきた。

「ご応募いただき、ありがとうございます。当社は在宅の仕事を紹介しています。みなさまのご都合に合わせたたくさんのお仕事を用意しています」

何やら仕事にはセキュリティの問題がからんでいるらしく、

「在宅の仕事にはクライアント企業さまの情報がかかわってくるので、信頼できる方にのみお願いしています。当社では仕事を任せる基準として情報管理者に必要な資格を取っていただいています。この試験に合格していただいたうえで仕事が受けられるようになっています」

と言ってくる。この資格とは初級システムアドミニストレータというものだった。現在はこの資格はなくなり、代わりにITパスポートになっているが、当時はシステム管理の能力を認定する国家資格という位置づけだった。

男は言葉を続ける。

「私たちは、みなさんが短期間で合格できるよう、独自の教材を用意しています」

もちろん、この教材はタダではなく、六十万円である。

後日、教材の購入申込用紙などが届けられた。あまりの教材費の高さに、すでに契約する意欲を失っていたが、しつこく電話だけはかかってくる。

「パンフレットを見ていただいたでしょうか？」

「ええ」

「副業として仕事を始めるなら当社のシステムがいちばんです」

私が「今回は結構ですよ」と申し込みを渋るも、「教材費用はかかっても、必ずお仕事を紹介するシステムをとっておりますのでご安心ください」と言ってくる。

そう簡単には電話を切りそうもないので、断るきっかけを探すために、「実際、資格を生かした仕事にはどんなものがあるんですか？」と尋ねてみた。返ってきた答えは、

「いろいろです」 NGワード
という、じつに曖昧なものだった。セキュリティ上の関係があるのか、具体的な仕事内容については言葉を濁す。すると話題を切り替えるように、「いま仕事している方で、パソコンがなくても仕事をしている人がたくさんいますよ」と話し出した。「どんな仕事です

か？」と聞くと、

「企業の領収書の金額を電卓で計算する仕事とか。そうそう、最近多いものにテープリライターもありますね」

NGワード

と、これに対してはスラスラと答えてくれる。これでは資格をなんのために取るのかわからない。契約するのを断った。

男の勧誘話はなんとも薄っぺらいものだった。これだけの高額な教材を買わせるのだから、資格を取ったからこそできる具体的な仕事内容について話してほしかったし、私にとって、なぜ資格が必要になるのか、その点についての説明もあってしかるべきである。ところが、それがまったくなかった。ただ「信頼の基準としての資格の取得」ではアピール力はきわめて弱いといえるだろう。

説得力を増すためには、もっと臨場感を増すような話にする必要があった。いわゆる内面に迫るようにズームインした視点だ。

先の勧誘でいえば、「私」という存在にもっとスポットを当てながら、「将来に向けて、あなたはどんな仕事をしたいですか？」「何をしているときがいちばん充実していますか？」と尋ねて相手の事情を把握する。そのうえで資格を取ることと私のライフスタイルとの接

点を見いだしながら、

「この資格はあなたにとって、○○のようなメリットがあります」 OKワード

と必要性を説く。あるいは勧誘者自身が資格を持っていれば、自分の実体験を話すのもいいだろう。

「これまでは時給の安い単調なアルバイトをしていましたが、資格を取ることで手にできるお金がずっと増えました。何より充実した仕事ができています」 OKワード

と資格を持ったときの未来と、資格を持っていない現在を対比しながら話すことで、より深みのある説得ができるはずだ。

先日もお店でコーヒーを飲んでいると、私の横で新人らしき男性に先輩と思《おぼ》しき人物がアドバイスしていた。

「なんて暗い顔して営業してるんだよ。それじゃあアポイントが取れないぞ。もっと明るく！」

「はい」

「そんなか細い声じゃダメだ！」

「はい！」

「不安なこともあるだろうけれども、がんばれ！」 NGワード

ずっとこの調子のアドバイスである。おそらく助言する側も慣れていないのだろう。終始、抽象的な話に終始していた。

もっと具体的に本人の内面にズームインしてアドバイスすべきである。

「昨日は、どんなふうに電話をした？　ちょっとやってみて」 OKワード

と本人の行動にズームインして、ダメな部分に対して助言する。また、電話をかけたリストを出させて、「この人にはどんなかたちで話をしてダメだったのか？」と具体的な本人の失敗事例を聞き、アポイントが取れない理由を一緒に考える。

アドバイスひとつ見ても、いかに相手の心にズームインした〝ものの言い方〟ができるかが大事になる。

32 抽象的な話にズームアウトして期待感を高める

話に深みを持たせるために相手の心にズームインする〝ものの言い方〟はとても有効だが、それに終始していては視野が狭くなってしまいがちである。たとえば、

「おまえの問題点は臨機応変に対応できないところだ」 NGワード

「マイナス思考で相手に話せば、それが相手に伝わってしまうぞ」 NGワード

と現実ばかりを突きつけられても本人は窮屈な気持ちになるばかりである。

霊感商法では相手の不幸な人生にスポットを当てる。

「あなたはなかなか男性運に恵まれていませんね。もしかして過去に子どもを堕胎したことがありませんか？　水子の霊が見えます」などと本人の内面に切り込んで罪の意識を強く持たせる。そのうえで水子の霊を成仏させるためという名目で高額な開運商品を買わせる。しかし、それだけの話に終始していては、どんどん暗い話の展開になってしまう。

そこで巧みな勧誘者は本人に霊や因縁などの話が突き刺さった時点で、今度は一転してズームアウトして話し出すことがある。「因縁から解放されれば、あなたの心から望む生き

方ができますよ！　どんな将来を送りたいですか？」と尋ねながら、罪の意識から解放された世界で生きることがどれだけすばらしいのかをアピールするのだ。そして「あなたの心が前向きになれば、それだけ周囲も幸せになります」と周囲への影響も訴えかける。つまり幸せになった自分という姿を客観的に見せるのだ。

ズームアウトでよくいわれるのは、より高い目線で考えることだ。いち社員という目線からだけではなく、部署として、会社として、もっといえば社長という経営者目線で見る。それによって、これまで見えなかった世界が見えてくる。さらに日本、世界という目線から考えることも可能だ。これは空間的なズームアウトである。それに対して、先の霊感商法の視点は時間経過を先に延ばして、自分を見つめさせるかたちでのズームアウトである。

高額な絵画を契約させようとする勧誘員は二十代の相手に次のような話をする。

「私は現在、三十代です。じつは二十代のころを振り返ってみて残念なことがあるんです。それは二十代は遊んでばかりいて、思い出になる品物をひとつも残していなかったことです。そんな後悔をあなたにはさせたくありません。何か思い出の品物をひとつでも二十代のうちに持つべきなんです！　ぜひ思い出の品としてこの絵を買いましょう！」

勧誘者の過去から本人の未来を想起させながら現在の契約を迫る手法である。

時間経過をうまく利用する〝ものの言い方〟はいくらでもできる。上司が部下のやる気を出させたいときに「おまえはすごく仕事に対する姿勢がいい。期待しているぞ」と言うのもいいが、もっと時間的なズームアウトをして話すことでインパクトを強められる。

「これまで三十年間、会社勤めをしてきたが、君ほど仕事に対して真面目に取り組む人は見たことがない。もっとがんばれば、おまえは幹部候補生になれるぞ」 OKワード

この手法は煮つまった話を転換させるために使えるだろう。健康食品を買わせるとき、まず本人の健康にズームインする。「あなたの体はかなり悪いですね。血糖値も高い。肝臓は沈黙の臓器といわれますが、いま自覚症状がなくても、内臓系の病気が心配ですね」と言ったあとに時間のズームアウトをする。

「あなたには家族がいます。最近お子さんが生まれたそうですね。そうであれば、お子さんの将来をこれからサポートするためにも健康でいることが必要ではありませんか。あなたの体は、あなたひとりの問題ではないんです」 OKワード

これは不測の事態に備えて保険への勧誘をさせるときにも使える〝ものの言い方〟だろう。ズームインで本人の健康状態の深刻さを訴えてから、家族と過ごす幸せな将来のためにという時間的なズームアウトをさせて考えさせる〝ものの言い方〟である。

33 話のハードルを下げて納得を得やすくする

相手の心を持ち上げておいてから肝心な話をする。これはさまざまな商法で用いられる常套《じょうとう》手段だ。高齢者が騙されがちなものに〝ほめ上げ商法〟がある。趣味で書いた文章や詩、俳句を投稿すると、それを見た業者が連絡をしてくる。

「あなたの作品はすばらしいから、本や雑誌に載せませんか？」

と、さまざまなほめ言葉を弄して高額な費用を請求してくる。私がライターとして活動する前のことだが、ある出版社にエッセイを送ると、「あなたの作品はすばらしいので、出版しませんか？」と持ちかけられた。そこで、その会社に赴くと、担当者は言う。

「あなたはすばらしい文章を書きますね」

「いいえ、それほどでも」

「このエッセイを本にすれば重版できる可能性があります。重版となれば印税が著者のもとに入ります」

「本当ですか！」と私は目を丸くした。

「あなたには将来性があるので、作家としてデビューしませんか？」

と次々にほめちぎられた。おだてられた私は有頂天になり、初版の費用を負担するように言われ、「わかりました」と高額な自費出版の契約をすることになった。

ほめ言葉で相手の心を持ち上げることで、水が上から下へ流れるかのごとく、スムーズに話を進められる。このハードルを上げて誘導する手法はある目標を達成する場合にも使われる。学生が五十点という低い点数の目標を設定していては勉強にさほど身は入らないだろう。とすれば、国語、数学、英語は九十点以上という設定をして自分を追い込んでいけば、おのずと目標に向けて努力をしていくに違いない。「自分は社長になる」「大金持ちになる」と高い目標を掲げたほうが実現することもある。事実、スポーツ選手でも「オリンピックで金メダルを取る」とビックマウスをたたきながら目標を実現するケースは多い。

しかし、この手法には大きな欠陥がある。ハードルを高くした分、現実とのギャップの落差が大きくなり、マイナスの結果をもたらしてしまうことだ。

事実、ほめ上げて契約させる自費出版の手法は当時は大流行だったが、いまは廃れてきている。先の会社も売上が低迷して倒産の憂き目にあっている。というのも、あれだけ「すばらしい作品なので再販可能な作品です」とほめ上げておきながら、本はまったく売れない。しかも、将来有望な作家と言いながら、私の場合、原稿はまともな校正もされずに、手抜きされたような薄っぺらな適当な本づくりをされた。これでは出版した人たちが「なんだよ、この出版社は」となるのは当然のことだ。そしてリピーターになることはなく、悪評だけが広がってしまう。

こういったハードルの上げすぎによる失敗は身近なところでも起こりがちだ。

「最近、すごくおもしろいことがあってさ」 NGワード

「何？」

「誕生日の前日に背中にコブがあるのに気づいて、もしかして、がんじゃないだろうかと心配になってさ」

「それで」

「翌日、病院に行って見てもらったら、がんではなく、膿《うみ》がたまった膿疱《のうほう》だというんだ」

「それはよかったじゃない」

「そこでコブを切ってもらって、膿を出してもらった。そのあとの麻酔が切れたあと、切ったところが痛い痛い。ふとんの上でのたうち回ったよ。これぞ、まさに誕生日に膿の苦しみを味わったんだ」

〃膿〃と〃産み〃をかけたのだ。自分ではそこそこおもしろいとは思っていたのだが……それを聞いていた人は微笑《ほほえ》んだものの、誰も声を上げては笑う人はいなかった。これも自分で「すごくおもしろいこと」とハードルを上げたゆえの結果だろう。

「たいしたことない話なんだけど。ちょっとした出来事があってさ」 OKワード

程度の〃ものの言い方〃をすれば、もっとおもしろがって聞いてくれたかもしれない。

「ここは、ものすごくおいしい店なんですよ」 NGワード

と言われて行って食べてみると、さほどおいしくないこともある。味覚には個人差があるもの。ものごとはできるだけハードルを下げておいてから話したほうがいいことは多い。

たとえば、料理をつくったとき、

「つまらないものですが」「お口に合うかどうかはわかりませんが」 OKワード

と言いながら料理を出す。しかし、食べてみると「うまい！」となる。期待値が低かった分、相手は驚くことになる。依頼された仕事を断るときも「無理です」と頭から拒否せずに、「自分の力では、とてもできそうもありません。すみません」と自分のハードルを下げる〃ものの言い方〃で角《かど》を立てずに断ることができる。ボトムダウンさせてからの〃ものの言い方〃が功を奏することも多いものだ。

34 話のハードルを上げてギブアップさせる

話をする相手はさまざまで、こちらがハードルを下げて話してばかりいると、つけ上がる人もいる。こちらは強者でおまえは弱者とばかりに居丈高な態度で接してくる。上司が使い勝手のいい部下に対しては「これをしろ」「あれをしろ」と次々に命令して使い走りのような状況にさせてしまうのも、まさにそうだろう。人間関係でのいじめもそうだが、下に見られているから一方的にやられてしまうのだ。

悪徳訪問販売がふとんなどを売りに来たとき、

「結構ですので、どうぞお引き取りください」 NGワード

と家人が下手《したて》に出ても、相手はゴリ押しすれば販売できると思い、「買ってください」を繰り返してテコでも動かないだろう。ついには「買えよ！」と声を荒げることもある。

下手に出る対応だけでは、なかなか悪徳業者を撃退できない。そのときは、

「いりません」「無理です」「これ以上ここにいたら警察を呼びますよ」 OKワード

と返答のハードルを上げて強気で答える必要がある。私もたびたび電話で悪徳業者とや

りとりをするが、相手をやり込めるときにはハードルを上げたかたちで話を展開する。

神通力を持つ先生のパワーを注入したブレスレットを購入すれば借金がなくなり、運が開いたなどという怪しいダイレクトメールが家に届いた。私がこの業者に電話をかけると、折り返し先生の秘書を名乗る男から電話がかかってきた。そのとき、私はすでにブレスレットを持っていたので、「私自身にパワーを注入してもらえないか？」と言うと、

「できますよ。うちは個人事務所ですから、あなたに神通力を入れることができます」

そこで「ぜひともお会いしたい」と言うも、「残念ながら先生はお忙しいので、直接はお会いできません」と答える。直接会わずに「お電話で応対しながらパワーを送ります」と言うのだ。これは流行《はや》りの電話だけのやりとりで「お祓いをします」と言ってお金を騙し取る手口だと直感した。是が非でもこの業者をやり込めなければならないと思った私は、ここでグッとハードルを上げた。「すばらしい。ぜひともパワーを授かりたいところです」

とほめて持ち上げたところで、

「ところで、先生はどちらで活動していらっしゃるんでしょうか？」

「都内です」

「東京ですか。さぞかし有名な方なんでしょうね」

「もちろんです」

「ということは当然、神社かお寺を持って活動しているんでしょうね」

「ええ」

「さぞかし大きいところなんでしょうね」

「もちろんです」

「では、場所はどちらですか？　住所をお教えください」

「えっ」

「場所は東京でしたよね。どちらの神社ですか？　その場所を教えてください。地図を見て直接行きますよ。そんなにすごい神通力を持った神社ならお参りしたいですよ」

と、どんどん畳みかけると、男は口ごもっていく。しまいには「じつは……私もプライベートなことはあまり知らなくて」と言い出す。

「はあ？　あなたは秘書ですよね？」

居場所もわからなくて、よく秘書など名乗れるものだ。

「ええ。先生のプライベートは謎に包まれていて、住所は不明なんです」などとウソを口にして逃げるばかりだった。この厳しい追及を業者にして以来、この種のダイレクトメールは私の家にいっさい届かなくなった。カモリストと正反対の危険リストとして悪徳業者のあいだを回ったためかと思われる。相手をやり込めるときは、

「すばらしいですね」 OKワード

「有名な先生ですね」 OKワード

と、ほめるなどしてハードルを上げてから現実レベルに話を落として追いつめる。一度自分で言った意見は引っ込められなくなるからだ。

恥ずかしながら、私は過去に悪徳芸能事務所商法のオーディションに騙されたときもこの手が使われた。「君の夢は？」と尋ねられて「有名俳優になることです」と答えた。まずプロモーション代などとして高額な入所金を払わされた。その後、あるオーディションに落ちると、さらなる高額なレッスンを受けるように執拗に言われた。そのときに悪徳事務所は「君は有名俳優になりたいんだよね？」「夢を本気でかなえたいとは思わないのか！」「あれはウソだったのか！」という決め台詞《ぜりふ》で怒鳴るように迫ってきた。

このように、理想や妄想を抱かせてハードルを上げた発言を引き出したあとに引っ込みがつかなくさせる。これが手だったのだ。相手との交渉を有利にするためには、話のなかでいかにハードルを上げ下げするかにかかっているといえるだろう。

35 自分で説得できない場合は「連係プレー」を使う

街頭アンケートに答えたのをきっかけにして女性から電話がかかってきた。

「社会人になると勉強できる場が少なくなりますよね。その環境を与えてくれる社会人サークルを開催しています」

足を運ぶと二十代女性が対応してくれた。彼女の手のファイルには〝自己啓発セミナー〟と書かれている。ファイルをのぞき込もうとすると、いきなり強い口調で「ここではやる気のない人はお断りしています。どんなものが学べたらいいと思っていますか?」と尋ねてくる。

急に聞かれたので返答に困ったが、私は「視野を広げたい」と答えた。しかし、彼女はこの答えに満足せず、「どんな視野を広げたいんですか?」とツッコミが入る。

「自分の知識が広められるような……」

「具体的に言ってみてください」

少しの間《ま》を置いて、「いまは一介の営業マンですが、将来は事業を起こしたいと思っています。そのためにいろいろな経験談を聞けたらいいですね」と答えた。

「なるほど」

彼女はやっと納得した表情を見せてファイルを開き、再び説明を始めた。

このサークルでは著名な先生方を迎えてさまざまな自己啓発セミナーが開かれている。気になるのは利用するときの費用である。尋ねてみたが、彼女は「それは英会話教室でかかるくらいです」「月謝感覚で払えばいいんです」と曖昧に答える。

なぜ金額を話さないのか？　その点を尋ねると「お金の話は当社の審査をクリアしてから話す決まりになっています。審査は勉強の申し込みをすることを前提に受けてもらいます。合格したら入会になりますが、審査を受けることでよろしいですか？」とのこと。

それはおかしい。お金などのくわしい話を聞いてから審査を受けて申し込むのが順序だろう。勉強への申し込みを同意してからお金の話をするなどおかしい。

このあたりから論争が始まった。

「月謝感覚でお金を払う。それはもしかしてローンを組むということですか？　だとしたら、そのトータル額を教えてほしいんですけれども」

「ですから、それは審査が終わったあとに話します」

彼女は頑として金額について口を割らない。私は決断した。

「審査に通れば必ず入会の申し込みをしなければならない。そういうことであれば、私は今日の審査を受けません。ひとまず帰って考えます」

私の強気な態度にも、彼女はひるまない。

「帰って何を考えるんですか？　教えてください」

いつしか二人は声を荒げて言い争っていた。しばらくしてスーツ姿の男性が顔を出した。おそらく上司だろう。彼女は彼の隣の席に逃げるように移動した。

「話をさせてもらっていいですか？　私たちのサークルで無理に勉強をする必要はありません。やらなければ、それで結構です」

「そうですか。わかりました。今日審査を受けて合格すればすぐに入会しなければならないんだとすれば、入会しません」

「なるほど」と言いながら、私の言葉に対する答えは何もない。

最初のうちは「ところで、うちの内容はどうでしたか？」などと柔らかい口調だったが、しだいに「一回の体験だけでサークルの何がわかるんですか」などと口調が厳しくなっていった。そこで私は単刀直入に話した。

「入会したくない理由を言いましょう。実際にお金がいくらかかるのか。何度聞いてもはっきり答えてくれない」

「そうですよ。うちではお金のことは、はじめに言わないことになっています」

「普通は先に言うべきじゃないですか？」

「いいえ、決まりですから」

「それはおかしいでしょう」

結局、この男性も彼女と同じようなところで話を終えた。この勧誘の失敗の大きな原因に、上司と会話をしているあいだ、彼女はずっと怒ったような表情で、

「……」 NGワード

と黙ったままだったことだ。ここにはつなぎやパスがまったくない状態だった。おそらく顧客への説得が彼女では難しいと上司に判断されたことでプライドが傷ついたのかもしれない。彼女は自尊心の高い人だったのだろう。彼女はつなぎ上手《じょうず》ではなかった。つなぎ上手な人なら、さっきまで自分が主導権を握っていても、その立場から下りて相手にパスを出そうとするものだ。上司が話すあいだを利用して、

「先ほど、経営者になりたいという目標を持っていると言いましたよね」

「視野を広げるために経験談などを聞けたらいいとも言っていましたね」
「審査を受ける前にお金の話をしないのが納得がいかない点ですよ」
と言葉をつないで話せば、上司もその点に絞って話ができたに違いない。しかし、そのパスがないものだから、一から話をして、またもや「審査の前にお金の話をすべきか否か」という同じところで論争終了となってしまったわけである。

前の人の話を踏まえて次の人が話す。この当たり前なことができない組織が多い。みんなバラバラなワンマンプレーばかりをしてしまう。組織として行動する以上、パス回しをうまくする〝ものの言い方〟が大事なはずであるのだが。

「先ほど○○と言っていましたね」 OKワード

「先ほどまでのお話では○○ということでした」 OKワード

と話の要約を上司に伝えて話をアシストする。そうすることで堂々めぐりの話をせずにすむ。

ビジネスにおいて雇用の機会を増やすため、ひとつの仕事の量を複数の人間で分け合うことをワークシェアリングという。会話におけるシェアリングも説得においては必要なのである。

第6章

「相手ペースに乗らない」ものの言い方

36 「断り文句」はボディーブローのようにきかせる

電話で呼び出されたビルの一室で会員制クラブの勧誘を受けた。

「今日はご来場くださいまして、ありがとうございます。これから当クラブの説明をいたします。お話を聞いて内容がよければ、やってくださいますね」

「ええ、まあ」

「ありがとうございます」

「旅行は好きですか？」

「そうですね」

「私たちのクラブに入会すれば格安で国内外の旅行に行くことができます。それにクラブを通じていろいろな方との出会いもあるかと思いますよ」

などと一時間ほどの説明を受けた。

「当クラブのお話は理解していただけましたか？」

「だいたいのところはわかりました」

「当クラブのお話はよかったでしょうか？」

「そうですね」

「ありがとうございます」

「では、ご入会ということでよろしいですね！」

女性は巧みに「はい」といった前向きな言葉を口にするように誘導しながら契約話を進めてくる。ただし会員になるには五十万円を払わなければならない。そもそも私は話を聞くだけのつもりで来ていたので断ることにした。

「今日は契約できませんね」 NGワード
「なぜですか？」

と彼女はにらむような目をしながら尋ねてくる。

「金額が高いですし……」

「それはすでにお話ししたように、月々の分割払いで契約すれば大きな負担にはなりませんよね。それに『クラブのお話がよかったら入会してくださる』とおっしゃいましたよね」

私が語った言葉を人質にするような〝ものの言い方〟で契約をするように迫ってきた。

潜入ルポをし始めのころは断り方に苦労したものである。

まずは相手の勧誘方法を聞き出すために相手の質問に対して「はい」という前向きな答えをしなければならない。しかし、契約するつもりはないので、最終的にはっきり断ることになる。

相手からすれば、うまく契約の話が進んでいたと思っていたのに、急に私の態度が〝拒否〟というかたちに変わるので慌て始める。なかには怒りをあらわにして説得してくる者までいた。

じつは断るときに「結構です」と自分の都合だけで一方的な態度を取ることはNGなのだ。では、どうすればいいのだろうか？

仕事や生活の場では何かの依頼を受けて断らなければいけない場面が往々にして出てくるだろう。そのときにうまく断るには、まず相手の事情に配慮する〝ものの言い方〟をする必要がある。

いまの私はある程度相手の勧誘話を聞くと、途中から肯定的な返事から否定的なものへと言い換えるようにしている。これは相手の事情を考えてのことだ。

たいがい勧誘する者は組織内において下の立場の人が多い。その上には上司がいて、何かしらの指示を受けながら勧誘を進めている。

それゆえに、肯定的な態度を取っていると、うまく話が進んでいるというかたちで上司に報告が行く。

そんなときに突然、私が〝拒否〟というかたちで急変した言動を取ると、勧誘者は上司に「いったいどうなっているんだ！　なんとか話を元に戻して契約しろ」と怒鳴られることになる。すると上司に怒鳴られないように必死になって延々と説得を続けてくるわけだ。そうなると断って帰るのがひと苦労になる。

そこで勧誘を受けた後半部では「ちょっと入会は無理」という態度をにじませながら話を聞くようにする。

「いま当クラブに入会すると、私たちと提携しているショップの商品が格安で購入できますよ。とてもお得ですよね」

「そうなんですか。ですが、私はあまり物欲がなくて、あまり商品を買うことには興味はありませんね」 OKワード

「このクラブには異業種の方がたくさん参加していて、さまざまな出会いもあると思います。それに異性との出会いもあるかもしれませんよ」

「いまはちょっと仕事に専念したいんで、参加する時間がないですね。それに、いまは仕

事が忙しく、異性との出会いにはあまり魅力を感じません」 OKワード

こういったボディーブロー的な〝ものの言い方〟をしておいて、契約のクロージングのときに「ちょっと今日は契約できません」と切り出すと、相手は「やはりそうだったか」という態度になり、わりとすんなり帰れるのである。当然、裏にいる上司も同じ思いであるがゆえに、「多田さんは帰りたいと言っています」という報告をしても、その許可が下りやすい。

この断り方はボクサーの立ち回りに似ている。断りの一発ＫＯなどを目指しても、なかなか成功率は低い。ゆえに何度も断り文句と思しきボディーブローを入れて相手のスタミナを奪っていく。そして最後にははっきり断りのジャッジを下すような言葉のパンチを入れるのだ。

37 断るときは大げさに「感謝の気持ち」を伝える

勧誘を受けた先で毎回、相手の言うままに契約をしていたら、金銭的に身がもたない。そこで契約話を断るわけだが、どう断れば相手が引き下がるのか、さまざまな文言を現場で試してみた。先に述べたように、いちばんいいのは、たとえ相手が悪徳業者であっても相手の事情を考慮した目線を持って断るということだ。この目線で考えれば、さまざまな断り方のバリエーションが見えてくる。

「この仕事をやってもらえないか？」

「無理です」

こんな断り方をすれば相手の心証を悪くしてしまうのは当然である。それが取引先や上司だったら、それこそその後の人間関係を悪くしてしまうことだろう。

「御社のために新提案を持ってまいりました」と取引先が自分の会社のために有益な情報を持ってきてくれたとする。その話を聞いて、なかなか興味深い話ではあったが、現実として、すでに社内の予算の割り振りは決まっていて、その提案には乗れないとする。その

とき、

「現状ではその提案は受けられませんね」 NGワード

と頭ごなしの断り方をしたのでは、相手は「えっ！」となるに違いない。なかには「貴重な時間を使って話したのに、もう二度とこの会社に提案などしてやるものか！」という恨み節的な気持ちを抱く人も出てくるかもしれない。

そこで相手のプライドに配慮したようなクッションになる言葉をつけてみる。これによって相手に失礼な思いを感じさせずに話を展開できる。

「大変申し訳ありませんが、提案を受け入れるのはちょっと難しいですね」

そこに自分の感想や共感を入れて断れば、もっといいだろう。

「大変申し訳ありません。とてもおもしろい話だと思いますが……今回は遠慮させていただきます」 OKワード

そこに断る理由も交ぜてみる。

「とても興味深い話でした。ただ、提案の時期が遅すぎました。じつは、予算配分がすでに決まっており、その企画にお金をかけられない状況なんです。申し訳ありませんが、今回は遠慮させていただきます」 OKワード

さらに感謝と時間を挿入してみると、

「とても興味深い話を、ありがとうございます。ただ、いまは新たな提案を受け入れる余裕がないんです。というのも、すでに今期の予算枠が決まっていましてね。お忙しいなか、足を運んで提案していただいた話なので、上司に話してみます。後日、あらためて連絡させていただきます。ですが、あまり期待なさらないでくださいね」 OKワード

「足を運んでいただいて恐縮です」と非礼をわびたうえで、断る理由と「上に聞いてみます」という時間を入れて相手に〝期待薄〟ということを示唆させてから断る。

相手のプライドに配慮したような〝ものの言い方〟は相手への心証を悪くさせない。こういった相手の事情に配慮した言葉のトッピングを加えることで、相手も納得して引き下がらざるをえなくなる。

38 断るときは〝条件つき〟で伝える

プライドという側面にもう少しツッコんでみると、次のような断り方もできるだろう。

勧誘先で「この場所に通えば、さまざまな人と出会い、あなたの夢が必ずかないますよ」と言われたときに、

「ほう、それはいいですね」 NGワード

などと言うと、あとあと断るのに苦労する。そこで次のように話す。

「とても出不精の自分には分不相応なお話かもしれませんね」

そして契約を迫られたら、

「もっと前向きな、行動力のある人にお話しなさってください。今回のお話はお断りさせていただきます」 OKワード

つまり自分のプライドを卑下したかたちで話を展開するのだ。

これをビジネスに当てはめて考えてみると、仕事の依頼をされたが、それが手間のかかる面倒な話で断りたいとき、

「すばらしいお話（依頼）をいただきましたが……とても自分のようなスキルのない者にはお受けできそうもありません。ほかの実績ある方にお願いしてください。今回は申し訳ありません」 OKワード

と依頼された案件は自分の技量では扱えないと、自分の評価をわざと下げて断るのだ。

これまでは相手の事情に着目してきたが、自分の事情も交えながら交換条件を出して断る手もある。

「ちょっと今回のご依頼を受けるのはかなり難しいですね」

「なんとかやってくれないか！」

「ん～。それは難しいですが、○○してくれたらやりましょう」 OKワード

と、ちょっと無理な条件をつけて逆提案するのだ。

地方の知人に「東京で活動しているアーティストのチケットを朝一番でお店に並んで取ってほしいんだけど」と言われたとする。

東京といっても都心からかなり離れたところに住んでいるゆえに相当の早起きをしなければならない。早起きが苦手な人にとってかなり難儀な依頼である。そこで、

「じつは、その前日に遅くまで都内で仕事をしているんで、朝早く起きて行くのはかなり

しんどいよ。でも、どうしてもチケットが欲しいんだよね」
「うん」
「そうだなあ。販売するチケットショップの近くのホテルの予約をしてくれれば行ってもいいよ。そうすれば、チケット取ったあとにすぐ仕事先に向かえるしね。それにチケットの販売は十時だよね。会社への出社時間も遅らせなければならないしね」

たいがいの人はホテルの予約の出費と、相手の出社時間を遅らせなければならないという事情から、「悪いから今回はいいよ」となるだろう。

その条件を呑んでも頼んでくれれば、よほどのことだろうと推察できる。そのときは依頼を引き受けるのがいいかもしれない。ホテルにタダで泊まれるというメリットだけでなく、相手に恩を売ることにもなるからだ。今後、こちらで何かの依頼をするときにやりやすくなるという、かなりお得な話にも展開できるからだ。

また、勧誘先で事前に前提条件をつけておいて話を聞き、その条件の言葉を盾に断るという手もある。最初に勧誘者には、

「今日は話を聞くだけですよ」 OKワード

と言っておく。そうすれば、最終的に相手が商品を前にして「契約してください」と迫っ

てきても、「最初にお話ししたように、今日は話を聞くだけのために来ていますから」と言って断れる。

展示会に連れ込まれたときも同様だ。事前に「今日は見るだけですよ」と言っておく。ただし相手は私たちの一歩上を行くこともある。

それでも「見てよかったら、買ってくださいね」と、すでに私たちが断れないように事前に言質《げんち》を取ってくるかもしれない。

そのときは、その質問にはうなずかず、答えない姿勢を取る。相手の言葉をスルーして、

「ここはステキな場所ですね」 OKワード

と話のポイントをずらして答えるのだ。聞こえないふりをすることで、うなずかずにすむというわけだ。

39 「○○しなければ××になる」という最終手段

「近いうちに上場する予定の株がありますよ」
「コンピュータで市場調査して、値上がり確実な株を判別するシステムを開発しました。投資しませんか？」

こういった話を持ちかけられてサギ被害にあうケースが連日のように起きている。そのとき、サギ師は「元本を保証します。高配当は確実です」と投資家にはリスクがまったくないような〝ものの言い方〟をしてくる。それに相手が興味を示すと一気に「早い者勝ちです。買いましょう」などと誘ってくる。相手の気持ちが乗っているところへの一気の押しは断る口実を与えにくくする。

劇場型の振り込め詐欺では会社勤めをしている息子になり切って、「今日、会計の監査が入ることになって、会社のお金を使い込んだのがバレそうだ」と電話をかけてくる。それを聞いた親が心配したそぶりを見せると、「今日中にお金を穴埋めしなければ犯罪がバレてしまう。あとでお金は返すから、貸してくれないか？」と懇願してくる。

さらに弁護士役も出てきて、「今日中にお金の穴埋めができれば、息子さんは逮捕されません」と一気の攻めの言葉で相手を攻め落とそうとする。

ここでは「緊急事態ゆえにお金を払うように」というストレートな言葉を投げ込んでくる。このズバッと来る直球のスピードに、思わず「お金を払います」と言ってしまう人は多い。しかし、この直球だけでは、お金を払うのを渋る人もいる。そのときは別の手段を使う。

息子が泣きながら「会社のお金を使い込んでしまった」という電話を突然、上司を名乗る人物が奪い取る。「おい！　おまえの息子はなんてことしてくれたんだよ！　これまで目をかけてきたオレの顔に泥を塗りやがって！　このままだとオレまで長年勤めた会社をクビになりそうだ。おまえの息子のせいだ。いったいどんな育て方をしてきたんだ！　なんとかしろよ！」と怒鳴り散らす。

まさに親の心をえぐるような威圧的な言葉をぶつけてくるのだ。野球で言えばバッターに向かってくるようなビーンボールだろう。これによって相手が自分に投げてきた言葉に恐怖心を感じてしまう。野球でも、このような状況になると、打者は次のボールが来たときには腰が引けたようなスイングをしてしまい、打ち取られることになる。

電話を受けている親の頭もこの言葉で怖さや申し訳なさでいっぱいになり、フリーズする。そこに畳みかけるように弁護士が「いま、会社自体が大変せっぱつまった状況になっています。お母さん、これでは会社の方みんなに迷惑をかけてしまいます。今日中にその分のお金を穴埋めすれば、息子さんの使い込みも発覚せずにすみます」と言うのだ。

「勉強しなさい！」 NGワード

といった一本調子の〝ものの言い方〟で効果が出ないときは、相手にビーンボールを投げてみる。

「勉強しなければ、おこづかいをゼロにする」 OKワード

「このまま落ちこぼれになれば、人生の敗北者になって路頭に迷うぞ」 OKワード

という〝ものの言い方〟をする。

仕事でも「実績を出せ！」と言うだけでは効果がないときに、

「今月の売上がなければ、うちの会社はきわめて厳しい立場になる。君にはリストラの対象になってもらうかもしれない」 OKワード

と相手が身をのけぞらせるような言葉で先行きの恐怖心を与える。せっぱつまった言葉をぶつけて自分の思う方向に誘導するのだ。

40 「チェンジアップ話法」で相手を黙らせる

NGワード

「実績を出さなければリストラの対象になってしまうぞ！」

という相手をのけぞらせるようなビーンボールばかりを実社会で使うと、時に相手の心にブチ当たってしまい、悩みを深めて精神疾患に陥らせてしまうなどの危険性をはらんでいる。パワーハラスメントなどという問題も発生する。そうなると危険球による社会からの退場となってしまうかもしれない。この〝ものの言い方〟自体が状況しだいではNGになってしまうことも往々にしてあるのだ。

サギ師を見ると、変化球を使うなどして言葉を投げ分けているのがわかる。

息子の上司を名乗る人物は落ち着いた声で親の心に語りかける。

「息子さんは会社に損害を与えるような大変なことをしました。このままでは彼はクビになってしまいます。ですが、私はこれまでの彼の働きぶりを見て、息子さんはちょっとした出来心でやってしまったことだったのではないかと思います」

と母親と同じ息子を思いやる目線で話してくるのだ。こうして気持ちを共有させたあと、

「私も目をかけて育ててきただけに、こんなかたちでクビになって辞めてほしくはありません。そこで私も息子さんが使ったお金五百万円分のうち、私の家族や親族にかけ合って、半分の二百五十万円を都合することができました。お母さんも息子さんのために、いくらかでも都合してもらえないでしょうか？」

と私も都合しましたので、あなたも払ってほしいというかたちで話を持ちかけてくる。相手は思わず「わかりました」と言ってしまうことになる。

「私はこれだけのことをしました。次はあなたの番ですよ」という〝ものの言い方〟は「お金を用意してほしい」という意味で、先に紹介したビーンボールと軌道は同じながら、かなりニュアンスの違う言葉になっている。野球でいえばチェンジアップになるだろう。チェンジアップとはピッチャーがストレートを投げるのと同じ腕の振りでボールを投げる。するとバッターはこれまでのボールの速度と同じタイミングでバットを振り始めるが、スピードはストレートより若干遅く、しかも手元で微妙に変化する。ゆえにバットの芯をはずされ、ボテボテの内野ゴロになってアウトになってしまう。サギ師は緩急という変化をつけてくる。いわゆるチェンジアップ力を身につけることで相手を説得しているのだ。

勉強をしない子どもには親はなんとか机に向かわせたいと思う。そこで「成績の点数がよければディズニーランドに連れていってあげるよ」というニンジンを垂らしてみる。

「本当なの！」と喜ぶ子どもにこんな条件をつける。

「ただし、五教科すべてで七十五点以上取れば」 OKワード
取れそうで取れない数字である。喜びを実現するために、子どもは「わかった」と、まずは机に向かうだろう。相手に打ちごろのボールだと思わせることで相手のやる気や向上心を高めることができる。部下に仕事をがんばりたくなる状況をつくる言葉にもなる。

「今月はがんばって、このノルマを果たせ！」

「おまえと同期の加藤はかなりがんばっていて、社内の評価が高く、昇進の話が出てきているぞ。しかし、オレはおまえのほうが能力があると思っている。今月、なんとか実績を出せ。そうすれば必ず社内評価はあいつより上がるはずだ。オレも押してやる。ちょっと高い目標だが、やってくれるか！」 OKワード
と諭す。ライバルを引き合いに出す〝ものの言い方〟だ。あいつには負けたくないという気持ちがある人であれば、間違いなく「やります」という言葉を引き出せるだろう。

言葉の軌道を微妙に変化させる〝ものの言い方〟によって、こちらの思うツボに誘導できるのだ。

41 〝100%逃げられない〟シーンで優位に立つ返し方

二千円で占い鑑定をしてくれるという折り込みチラシを見てホテルの会場に赴いた。名前と生年月日を告げて受付をすませ、廊下で待っていると、「こちらにどうぞ」と広い部屋に通された。そこにはひげを生やしたおじいさんがひとり座っている。

「よろしくお願いします」と私が頭を下げて座ると、いきなり「あんたは柱が立っておらんぞ！」と一喝してきた。突然のことに頭のなかが真っ白になった。

「あんたは真面目すぎて、人ごみのなかに入っていくのは苦手なのだ。性格は陰じゃ！」

「いまは八方ふさがりの時。何をしてもダメだぞ！」

と次々に鑑定結果を言ってくる。たいがいの占いは相手の事情を聞いてから話を始めるもの。予想もしない、前座なしの、いきなりの本番に面食らった。

すると、いきなりおじいさんはやさしい表情となり、

「どうじゃ、わしの言ったことは思い当たるだろう。占いには歴史があるから、間違いないはずじゃ」

私が小さくうなずくと、「それじゃあ、明日にでも特別鑑定を受けてみなさい。あなたにまとわりつく因縁を見てあげるから。それさえわかれば抱えている問題はすべて解決できる！」と言うのだ。恐るおそる金額を聞くと、三万円かかるようだ。次の鑑定日まで決められそうになったが、私は「いますぐには予定がわからないんで、また連絡します」と言って、なんとかその場を逃れた。鑑定時間わずか三分ほどだった。

これは上から目線で一気に話をして相手を圧倒する手口にほかならない。よく悪徳商法が見せるやり方だ。おそらく効率性を考えているがゆえにこういった行為になっているのだろう。新聞などの折り込みチラシは一気に何千、何万という数を撒《ま》けるゆえに多くの人が目にする。すると多くの鑑定の依頼が舞い込んでくることになる。ひとりでも多くの人をさばこうとするために、上から目線の一人三分という対応になってしまう。

もちろん、この手法はすでに深刻な悩みを抱えている人にとっては次回の鑑定、次々回の鑑定と次々に約束させるための、じつに効果的な話の進め方といえるだろう。しかし、人によってはこういった〝ものの言い方〟に対して反発を覚えるに違いない。

じつは、ここには騙されやすい人と、そうでない人の違いがあるのだ。

私は予想もしない状況に一瞬、頭が真っ白になったが、なんとか平常心を取り戻してその場を脱出できた。というのも、私は「予定が立たない」と言って相手の話の土俵の外に出たからである。それに対して気の弱い人や深刻な悩みを持つ人はいつまでも相手の土俵のなかに居続けてしまうがゆえに、相手の思いどおりのかたちで誘導されてしまう。

自分のテリトリーに引き入れて、一方的に上から目線でものを言う人は案外多い。

たとえば「急ぎで会議用の資料をつくってくれないか？」と忙しいとわかっている部下に無理な仕事の依頼をしてきたとしよう。相手は上司ゆえに無下に断れない。そこで引きつった笑顔をしながら、

「わかりました……」 NGワード

と残業を覚悟したうえで答える。その答え方は正しいのだろうか？

はっきりいってダメだ。おそらく上司はこの部下なら少々無理な案件でも引き受けてくれると思い、その後もさまざまな無理な要求や依頼をしてくる可能性が高くなるからだ。

そのときは相手の話の土俵から出たかたちで答える。

「今日中に仕上げるということですか」

「そうだ」

ここで少しごねてみる。

「じつは、今日はこのあと、契約に向けた大事なアポイントの予定が入っていまして。本当はいろいろな準備をしなければならないんですが……」

　時計を見ながら、

「ですが、急いで仕上げれば、なんとかできるかもしれませんね。最悪、アポイントを少し後ろにずらすことも考えます」 OKワード

　と相手の土俵から出て自分の土俵の目線で回答する。そのとき、自分が大きく譲歩した姿を見せることで無理にやってもらったという印象を与えて次の依頼をさせづらくする効果も出てくるだろう。

　では、逆にお願いをするときにはどうすればいいのか？

「この仕事をやってくれ」 NGワード

という上から目線の言葉では当然NGである。逆に相手の土俵に入って依頼するのだ。

「君は仕事が速いのでお願いできないか？」 OKワード

「社内のチームワークがいいのは君の存在が大きい。君だからお願いしたいことがある」

　と言ってから仕事を依頼する。これによって相手の自発性を促し、快く仕事を受けてもらえるはずだ。

42 相手が〝100％応じられない〟回答をする

私は時に悪徳業者と電話で対峙《たいじ》することがある。彼らに「おたくらはサギ行為をしていますね」と直接的に言っても、「そんなことはしていません」とかわされるだけである。知能犯は言い訳の天才だからだ。そこで私はある〝ものの言い方〟で彼らを追い込む。

テレビ番組の企画でサクラを使ってお金を騙し取る出会い系サイト業者に電話をかけたときのことだ。

スタッフのもとにMを名乗る男から「一億二千万円を差し上げる」というメールが来た。そこで、やりとりをすると、出会い系サイトで使えるポイントを購入すればお金を振り込むという。こういったやりとりが続き、スタッフは九千円ほどを払い、M氏から代金の入金確認のメールはもらったが、お金はもらえなかった。

この件に関してサイトの問い合わせ先に電話をかけた。言い逃れをさせないためにサイトの最高責任者である社長を呼び出した。社長の名前はAである。すでに登記簿を取り寄せているので確認してみると、たしかに代表取締役として名前が載っている人物だった。

そこで「Mさんをご存じですか？」と尋ねると、「知りません」と答える。

「最初に一億二千万円くれるから手続きを取ってくれと言われて、さらに配送の手続きをしますからと言われて、お金をトータルで九千円払ったけれども、お金はもらえていない。それに関して、あなたは知っていますか？」

「まったく知らないですね。利用会員同士のトラブルは関知していません」

そこで私は反論した。

「ちょっとおかしいなと思ったんですけれども、Mさんというのは出会い系サイトであるおたくの関係者じゃないんですか？」

「まったくわからないですね」

「それじゃあ、なんでMさんの要求どおりに手数料を振り込むと決まって、この男から『入金が確認できました』という連絡が来るんでしょうか？　おかしくないですか？　サイトへの入金が確認できる人物はサイトを運営する側の人間ではないんですか」

社長は黙る。

「おたくは銀行に入金したことをみんな（会員たち）にしゃべるんですか？」

「それとも、サイト利用者の入金状況が簡単に確認できるようになっているんですか！」

皮肉を交えながら、M氏というサクラを擁した出会い系サイトではないかと厳しく糾弾した。すると社長は、

「ああ。それじゃあお金を返します」 NGワード

来た！　これは悪徳業者が解決を図るための常套手段だ。こういった業者は相手の質問やクレームをのらりくらりとかわして、最終的に「お金を返せば相手は引き下がる」と思っている。しかし、私に対してはこれはNGな一言だったのである。

「お金は戻さなくて結構です。ちゃんと質問に答えてほしいんですよ」

お金を返せば解決できると思ったのに、それができない。社長は困った様子で私の質問に答える。

「だからMさんはおたくの関係者なんでしょ」

「違います」

「じゃあ、関係者じゃないのに、なんでお金をサイトの銀行口座に振り込んだことを知っているんですか？」

社長はアワアワした状態で答え続ける。

相手の胸襟を開かせるには共感する言葉で返事をするといいといわれる。たとえば「趣

味はなんですか？」と尋ねて「カラオケです」と答えたとき、「そうですか」という言葉だけでは答えない。そこに自分の気持ちを乗せて「とてもいい声をしていらっしゃるので、さぞかしお上手《じょうず》なんでしょうね。十八番《おはこ》はなんですか？」と答える。

そうすれば、相手の心の窓が開かれて、いろいろな言葉が飛び出してくる。

しかし、相手をやり込める場合には、その逆である。

「できません」 OKワード

という相手の提案や言葉に共感しないことを示す一言が効く。

悪徳出会い系サイト業者の〝返金で解決したい〟という提案の道をふさいでしまう。となると、相手はにっちもさっちもいかない状況となって困り、悩む。共感せずに否定するのは壁際に相手を追い込むための〝ものの言い方〟になる。

43 「二段構え」のトラップをしかける

世の中には言い訳ばかりをする人がいる。彼らは言い訳をすることで責任回避ができて、いまの状況が好転すると思っているのかもしれない。そういった人は言い訳の袋小路に入り込ませてみるといい。それによって自分のウソや責任回避などの状況がはっきりさせられるからだ。

「サイトへの入金の事実を知っているMさんはおたくの関係者ではないんですか」

と私が追及したため、出会い系サイトの業者はとまどっている。話の主導権はこちらにある。そこで、私はわざと逃げ道をつくってやった。

OKワード

「ところで、おたくが責任者（社長）ということで、もうひとつだけお話を聞いてもらえますか?」

相手は話題を変えられて若干ホッとしている様子で「どうぞ」と答える。

「あなた（社長）はどこに住んでいるんですか?」

登記簿には運営会社の社長が住んでいるところは神奈川県となっている。

「サクラを擁するサイトではないか？」と直接的に話しても、「いいえ」と答えられるだけなのでダメだ。とすれば、いま私と話している人物が社長を騙るサクラであることを証明すればいい。

「自分の家ですか？」

「ええ」

本物の社長なら自分の住んでいる場所は答えられるはずだ。

「自分の家は……」

「別に住所はくわしく言わなくても、おおよその場所を言ってくれればいいです」

社長は意を決したように答える。

「世田谷《せたがや》です」

「本当に世田谷ですか？」

「はい」

「あなた、ウソをつきましたね。社長の住所は登記簿で取り寄せていますんで、知っています」

すると社長は「会社が世田谷だったかな？」と答えをごまかそうとする。

「ほう、会社は世田谷ですか？　サイトの会社の住所は違っていますよ。サイトの住所はウソですか！」

と一気に畳みかけると、

「いえ、間違えました」

「社長、じゃあ、自分の住んでいる場所を言ってみなさいよ」

「………」

「なんであなたは自分の住んでいる場所も言えないんですか！」

もうこれ以上はウソの上塗りはできないと思ったのだろう。「ちょっとサポートの責任者に代わりますんで」と下の人間を出そうとする。

「いや、あなたが最高責任者で、社長でしょ！」

「会社の運営のほうはそこまで把握していないんで」

「何、何、把握していないってどういうことですか！」

もう逃げまくる。自分がなりすましの社長であることがバレたからにほかならない。結局、この悪徳出会い系サイトは、しばらくして消えてなくなっていた。

相手を追い込むときは、

「サイトへの入金の事実を知るMさんはおたくのサクラではないのか？」 NGワード

だけの一段ツッコミだけではダメなのだ。二段構えのツッコミをしてこそ効果がある。ひと山越えたら、もうひとつのトラップがある。そうすると、相手はさすがに観念する。

客先に新商品の提案をするとき、直接、「従来ほどコストがかからずに製造できる新商品があります」と言ってもいいが、相手の気持ちを追い込んでから話をすれば、より効果的である。

まず、「新商品の開発には企画立案から設備費用などお金がかかりますが、大丈夫ですか？」と尋ねる。「いや、お金がかかるのは困る」と答えるかもしれない。そこでもう一段、

「ですが、お金をかけなければ会社の売上を伸ばせませんよ」 OKワード

と悩ませる言葉を口にする。

「う〜ん。売上が伸びないのも困る」

と深刻さは大きくなる。

悩んだところで「では、お金を従来ほどかけずに、それでいて売上を伸ばせる新商品があるんですが、聞いていただけますか？」と提案する。

最初からお金をかけない新商品の開発方法を話してもありがたみはない。右もダメ、左

もダメにして、その真ん中の道を選ばせる〝ものの言い方〟だ。

また、上司に「大変なトラブルです。このままではクライアントと契約した納期に商品が納められません」と報告するとき、

「期限を延ばしてもらうように交渉しろ」

「先方にすでに納期の延長を依頼していますが、間に合わなければ、違約金を取ると言われました」 OKワード

「納期は延びない。違約金を取られるとは……それは困ったな」

にっちもさっちもいかない状況のなかで上司を悩ませたうえで、

「申し訳ありませんが、ほかの業務をやめて、これまでの二倍の人材を投入してもらえませんか？　一週間ほどで構いません」 OKワード

と提案をする。

最初から「これまでの二倍の人材を投入してください」と依頼してもダメだと言われる可能性は高い。そこで「納期は延びない」「遅れれば違約金を取られる」という二段構えで窮状の話をして上司の許可を取りつけるのだ。

（了）

参考文献

稲盛和夫『生き方』(サンマーク出版)
禅文化研究所『心にとどく禅のはなし』(禅文化研究所)
多田文明『悪徳商法ハメさせ記』(CLAP)
多田文明『悪徳商法　わざと引っかかってみました』(彩図社)
多田文明『おいしい話にのってみた　〝問題商法〟潜入ルポ』(扶桑社)
多田文明『ついていったらこうなった　キャッチセールス潜入ルポ』(彩図社)
多田文明『なぜ、詐欺師の話に耳を傾けてしまうのか?』(彩図社)
多田文明『マンガ ついていったらこうなった』(イースト・プレス)
多田文明『迷惑メール、返事をしたらこうなった。』(イースト・プレス)

イースト新書Q

Q033

サギ師《し》が使《つか》う 人《ひと》の心《こころ》を操《あやつ》る「ものの言《い》い方《かた》」

多田文明《ただふみあき》

2017年 9 月20日　初版第1刷発行
2020年11月20日　　　第2刷発行

イラスト　いながきちえこ
DTP　松井和彌
編集　畑 祐介
発行人　北畠夏影
発行所　株式会社イースト・プレス
東京都千代田区神田神保町2-4-7
久月神田ビル　〒101-0051
Tel.03-5213-4700　fax.03-5213-4701
http://www.eastpress.co.jp/
ブックデザイン　福田和雄（FUKUDA DESIGN）
印刷所　中央精版印刷株式会社

ISBN978-4-7816-8033-0